Fünfzig Geschichten aus dem Garten eines unverdrossenen Liebhabers, fünfzig Gartenkunststücke aus dem Magazin der *Frankfurter Allgemeinen* mit genauen Bildern der Blumenfotografin Marion Nickig. Von der Anemone zum Veilchen, der Azalee zum Wilden Wein, von der Birkenfeige zum Trompetenbaum – fünfzig Miniaturen beschreiben die Botanik, die Liebesverbindungen zwischen Kräuterbeet und Küche, schauen durchs Schlüsselloch der Kulturgeschichte. Wer war die Kameliendame, wie kam die Hortensie zu ihrem Namen? Was sagt die geheime Blumensprache? Gedankenverloren sitzt da einer auf seiner Gartenbank. Zur rechten Gartenlust gehört natürlich der Ärger über Maulwurf und Wühlmaus, der Kampf gegen Hahnenfuß und Löwenzahn, die Mühe mit dem Rasen. Und doch ist die *Gartenlust* von Johannes Roth auch eine Leselust. Aber Vorsicht! Lust steckt an.

insel taschenbuch 2207

Johannes Roth

Gartenlust

Johannes Roth

Gartenlust

Fünfzig Blumenstücke
und Anleitungen
zur gärtnerischen Kurzweil
Mit farbigen Fotografien
von Marion Nickig

Insel Verlag

Umschlagfoto: Rosenfeld Images

insel taschenbuch 2207
Erste Auflage 1998

Hinweise zu dieser Ausgabe am Schluß des Bandes
Vertrieb durch den Suhrkamp Taschenbuch Verlag
Umschlag: Michael Hagemann
Satz: Satz-Offizin Hümmer, Waldbüttelbrunn
Druck: Nomos Verlagsgesellschaft, Baden-Baden
Printed in Germany

1 2 3 4 5 6 – 03 02 01 00 99 98

Gartenlust

Vorwort

Das Leben bringe, was es wolle. Mit einem Garten möge es uns verschonen. Gartenarbeit war der andere Schatten der Kindheit. Machte die Schule Pause, war der Garten da, die Ferien zu vergällen. Wie doch zwei Stunden Stachelbeerzupfen einen ganzen Tag verderben konnten. Und jetzt? Das Büro wäre kaum auszuhalten, wenn am Abend, am Wochenende nicht ernstzunehmende Aufgaben warteten.

Es ist bei der Gartenarbeit wie immer im Leben: Schmerzen auf eigene Rechnung sind keine. Anfangs, als erst das Haus fertiggebaut werden mußte, war der zugehörige Garten eine ungeliebte, ja verwünschte Wüstenei, ein Schuttplatz voller Birkensämlinge, Holunderbüsche, Hartriegel, Brennesseln, Quecken. Unter der Wildnis schwerer Lehm, durchsetzt mit Asphalt, Glas, Betonbrocken und Armierungseisen. Um das nach der Entrümpelung erst richtig wuchernde Unkraut zu verdrängen, wurden milde Gaben aus der Nachbarschaft ohne viel Bedenken gepflanzt, wie es grade kam. Heute ist der Garten immer noch ein Platz für Knochenarbeit. Aber ein Spiegel unserer Gefühle. Also ein Ort der Wandlungen. In der Gartenbibliothek stehen Ovids Metamorphosen. Im Garten walten die Götter, die Göttinnen, die Nymphen und Schmetterlinge. Und der Buchs erobert immer mehr Plätze, nicht aus Liebe zur Geometrie, sondern aus Lust an grünen Rundungen, vielleicht auch für Amors Pfeile, die aus dem harten Holz des Buchsbaumes geschnitten werden. Der Garten sei die einzige Geliebte, die nie enttäuscht und nie verblüht, behauptete der englische Journalist und Kriminalschriftsteller Beverly Nichols, als er seine große Liebe zu kleinen Gärten offenbarte. Ein andermal eröffnete er ein Buch mit den Worten: »Manche verlieben sich in Frauen, andere verlieben sich in die Kunst, wieder andere in den Tod. Ich verliebe mich in Gärten, was ungefähr dasselbe ist, als verliebte man sich in alle drei zugleich.« Denn Gartenarbeit sei eine Vereinigung aller Künste, doch früher oder später, so fürchtete er, bringe sie den Gärtner um. Später. Nichols wurde sechsundachtzig Jahre alt.

Ungerecht wäre es nicht, wenn die Natur beizeiten Rache übte. Der Gärtner macht sich allemal schuldig. Wie viele Ameisen, Asseln, Schnecken, Regenwürmer, Wühlmäuse und leider auch Maulwürfe hat er auf dem Gewissen! Wie viele Wegeriche und Winden, Hahnenfüße und Gänseblümchen, die sein liebendes Auge störten! Wieviel Stauden und Sträucher, ja Bäume, hat er ausgerissen oder umgehauen, weil sie seiner Ordnungspolitik im Wege waren! Der Garten ist ein Kampfplatz, ein Schlachtfeld. Je sauberer er ist, je gepflegter, desto erbarmungsloser war der Krieg gegen Blattläuse und Unkräuter, ein Kampf bis aufs Messer, das dem Löwenzahn an die Wurzel geht, bevor die Samenschirme fliegen. Es ist leider wahr: Der Gärtner ist der Mörder. Das Radieschenglück und die Blumenandacht – teuer erkauft. Dennoch: Gartenarbeit ist achtbar. Das Gärteln wird von Nichtgärtnern mit mildem Lächeln toleriert. Streßabbau am Feierabend. Nicht so fein wie Tennis, doch besser als Squash oder Jogging. Dem Herrn Adenauer wurde die Narretei mit den Rosen nachgesehen, die grüne Schürze und die Gießkanne. Aber wie kann ein erwachsener Mensch jahrelang über nichts anderes als übers Kompostieren, Zwiebelstecken und Blumengießen schreiben?

Gibt es nichts Wichtigeres? Jedenfalls nichts Schöneres. Außer vielleicht die Fortsetzung des Gartens in der Küche. Kochen, Essen und Trinken ermüden auf angenehmere Weise als Rasenmähen und Unkrautzupfen. Allerdings sättigen Töpfe und Teller manchmal bis zum Überdruß. An Blumen kann sich einer so leicht nicht sattsehen. Das haben die Blumen mit den Frauen gemein, daß man ihnen gar nicht genug Aufmerksamkeit schenken kann.

Alle hier versammelten Stücke sind im F. A. Z.-Magazin erschienen. Manche sind noch vom knäbischen Eifer des Anfängers diktiert, bei anderen hat schon einige Erfahrung die Feder geführt. Da die Gartenlust ohne gewisse botanische Grundlegungen bald ins Leere tappt, was die schönste Leidenschaft in Enttäuschung umschlagen läßt, wird der gaukelnde Schmetterling gelegentlich auf Fachbücher verwiesen, auf Landeplätze, wo sich Honig saugen läßt. Denn der Garten ist zwar Luxus und Spielerei, auch wenn er ein Schrebergarten ist, ein Ort der Mühsal und des Schweißes, auch wenn er nur ein kleines Zierstück ist, eine Balkonbrüstung oder ein begrüntes Fensterbrett. Doch ohne einige Wissenschaft bringt auch der mit dem grünen Daumen begnadete Liebhaber sein Blümchen nicht zum Blühen. Darum müssen immer wieder die Bücher herhalten. Und wieder zugeklappt werden. Man darf und muß sich freimachen von den Scheuklappen der Fachliteratur.

Wissen und Erfahrung sind das eine. Das andere ist das Gewahrwerden, sagt Rudolf Borchardt, der nicht nur die Novelle vom unwürdigen Liebhaber geschrieben hat, sondern vor allem das Buch vom leidenschaftlichen Gärtner. »Was Blumen sind und was in Blumen ist, ahnt man erst langsam.« Wenn wir ganz ruhig sind, hören wir das Echo, das Blumen und Bäume in uns wachrufen. Sitzen wir auf der Terrasse und hören nichts als das Flöten der Amsel, ist das auch nicht wenig. Wenn der Gärtner gar kein Sitzfleisch hat, nichts hört, bloß neue Arbeit sieht, muß ihn niemand bedauern. Unglücklich ist er nicht, häckelnd und grabend ist er ganz bei sich, auch wenn er nur gräbt und hackt, ohne zugleich irgendeinen Gedankenzwirn auf- und abzuwickeln.

Das Maiglöckchen

Haben wir Goethes verdrehten rechten Fuß lang genug und mitleidend angesehen, weil ihm der malende Freund Tischbein damals, 1797 in Rom, auch noch so etwas wie einen linken Schuh verpaßt hat, so folgen wir dem in die Ferne gerichteten Blick des Gemarterten, benutzen also die Tür rechter Hand, wechseln aus dem Empfangssaal im Obergeschoß des Frankfurter Städel-Museums in den Raum P, wo ein anderes Schriftstellerporträt hängt. Es entgeht der allgemeinen Aufmerksamkeit. Schon deshalb, weil es den nicht so bekannten Dichter Martin Greif zeigt, in den anatomischen Details korrekt wiedergegeben von dem badischen Maler Wilhelm Trübner. Es entgeht der Aufmerksamkeit auch deshalb, weil dieser Herr Greif bloß lesend dargestellt ist, nicht bei der Arbeit, nicht schreibend oder starken Blicks die Welt erfassend. Er hält ein schmales Buch mit beiden Händen nah vor die Augen, als entbehre er der Brille, und – das ist der Punkt, auf den wir zusteuern – zwischen Zeigefinger und Mittelfinger seiner Rechten ist ihm ein Maiglöckchenstrauß geklemmt, als solle ihm der wie ein zusätzliches Licht das Verständnis der Schrift erleichtern.

Wohl dem, der sein Maiglöckchen hat! Wenn es eine Blume gibt, die uns das Leben durchleuchten hilft, so ist es das Maiglöckchen. Dürer hat dem Erasmus von Rotterdam eine Vase mit Veilchen und Maiglöckchen auf den Studiertisch gestellt. Ein oberrheinischer Meister hat der Maria eine ganze Maiglöckchenkolonie ins Paradiesgärtlein gesetzt. Der Meister des Sterzinger Altars hat bei seinem »Ulmer Verlöbnis« den Liebenden natürlich auch Maiglöckchen zu Füßen in den Blumenteppich gewebt. Denn das Maiglöckchen ist, neben der Rose, nein, vor der Rose, die Blume, die der Liebe blüht, der himmlischen und erst recht der irdischen.

»Die Vergänglichkeit der Blume«, schreibt Rudolf Borchardt, »macht sie zum Gleichnis der Liebe, die, wie gern, ewig wäre.« Er kann nur das Maiglöckchen gemeint haben. Ein Volkslied singt:

»Der Strauß, den ich gepflücket, / Er grüß' dich tausendmal, / Hab' mich danach gebücket / Wohl viele tausend Mal, / Und ihn ans Herz gedrücket / Viel hunderttausendmal.« Borchardt fügt hinzu: Nur die Blume dürfe Zeuge und Bürge der Sekunden sein, in denen solch ein Gefühl danach ringt, einem wohlverwahrten Herzen ein ähnliches zu entreißen und in ihm zu vergehen. Er kann nur das Maiglöckchen gemeint haben. Übrigens, die Blumengedanken des »Leidenschaftlichen Gärtners« sind von Franz Greno mit buchkünstlerischer Leidenschaft von neuem herausgebracht worden. Kostbar gedruckt und gebunden, dennoch wohlfeil.

»Die Botschaft der Blume ist das Leben, die Botschaft der Blume ist der Tod.« Bevor wir nur noch Borchardt zitieren, schauen wir das Maiglöckchen von nahem an, das lebenverheißende, das todbringende. Es versteckt sich im lichten Buchenwald oder im Garten zwischen Laubgehölzen, wo es winterfeucht ist, frühlingshell, nahrhaft, jedoch im Sommer schattig und trocken. Manche Gartenschriftsteller wollen im Maiglöckchen einen Ausbund an Bescheidenheit erkennen. Denn es hält sich im Hintergrund, anfangs. Das zarte Maiglöckchen sieht so genügsam aus, empfindsam, fast hilfsbedürftig, aber es ist selbstbewußt, hartnäckig, zielstrebig. Es erobert sich den Platz, der ihm zusagt. Diese zarte Pflanze vermehrt sich unversehens mit Hilfe unterirdisch kriechender Wurzelrhizome. Wo vor zwei Jahren noch vielerlei Gewächs locker miteinander auskam, drängt sich jetzt nur noch das grüne Heer der Maiblumen; im April durchstießen helle Spieße den Boden, nun stehen die dunklen Blätter aufrecht eines am anderen wie Lanzen und Schilde auf Altdorfers Alexanderschlacht. Hier ist kein Durchkommen mehr!

Das Maiglöckchen, Convallaria majalis, gehört zu den Liliengewächsen. Manche Gartenschriftsteller rühmten es als Inbild der Reinheit. Ja, diese mädchenhaften, weißen Glöckchen, wie sie sich

---

S. 14/15: Das zarte Maiglöckchen duftet süß. Aber Vorsicht! Es ist in allen Teilen giftig, heilt dennoch kranke Herzen

auf schlankem Stengel aus dem breitschultrigen, schützenden Blattpaar erheben und zugleich demütig neigen! Doch Vorsicht: Maiglöckchen duften süß, aber sie sind ungenießbar, sie sind in allen Teilen giftig. Und eben darum kann das Maiglöckchen kranke Herzen heilen, in der Homöopathie nur tropfenweise, gebündelt als Strauß überbringt es die Liebesnachricht, die der roten Rose des Sommers so nie erlaubt wäre. Die Botschaft der Rose ist auf eine ungenierte Art direkt. Das Maiglöckchen läutet kaum hörbar: Du bist mir teuer! Im Blumenladen kostet der Maiglöckchenstrauß deshalb so viel, weil zuvor in der Gärtnerei nur Handarbeit investiert wurde, schon beim Setzen und Verlesen der Rhizome, am Ende wieder beim Ernten der empfindlichen Blütenstengel, die neuerdings mindestens achtzehn Glöckchen tragen: »Grandiflora« heißt der Züchterstolz.

Die Maiglöckchen, die uns in den alten Städten an der Loire am Maifeiertag vor Schlössern und Kathedralen aufgedrängt werden, sind fast geschenkt. Warum nur wenige Francs der Strauß? Diese altmodisch kurzen Stengel mit allenfalls zwölf Glöckchen werden offenbar tags zuvor oder frühmorgens von den Verkäufern selber gepflückt in den Wäldern der Touraine, in der Landschaft Balzacs, wo Madame d'Aiglemont das Schmachten des Liebhabers genoß, aber nicht stillte, wo Madame de Mortsauf unter der bedrängenden Sehnsucht des Liebhabers litt, die sie nicht stillen durfte.

Als wir im Schloß von Langeais unsere Neugier auf die wunderbaren Hochzeitszimmer der Anna von Bretagne und danach auch unsern Hunger im Gasthof »Duchesse Anne« gestillt hatten und nach dem Dessert der Silberteller gebracht wurde, lag ein Maiglöckchengebinde obenauf. Wie selten wird eine Rechnung so mit Liebe aufgemacht!

»Mein Herz, mein Herz ist traurig, / Doch lustig leuchtet der Mai«, sang der deutsche Dichter Heine, bevor er sich in Frankreich zum Sterben niederlegte. Ist das der richtige Schluß für eine Maiglöckchengeschichte? Ja. Trotzdem wollen wir uns noch mal zu einer anderen Kadenz aufraffen.

Eines haben alle Maiglöckchen gemein, die kleinen im Wald, die feinen im Blumenkorb, die erlesenen in der Vase, die wuchernden im Garten: Sie läuten den Frühling ein, sie blühen den Liebenden. Im Wörterbuch der Blumensprache bleibt der Code für das Maiglöckchen unverschlüsselt: »Du hast mich entzückt, als ich dich zum erstenmal sah.«

Vom Lorbeer und der Lorbeerkirsche

Unter der Rinde, der neuen, erspürt er noch immer des Herzens / Flatternden Schlag. Da umschlingt er die Zweige wie Glieder mit seinen / Armen und küßt das Holz, das noch jetzt vor den Küssen zurückbebt.« Apoll, der himmlische Jüngling, umarmt einen Baum. Eben noch hat er Daphne, die jungfräuliche Nymphe, hitzig verfolgt. Sie entzog sich dem Zudringlichen, indem sie fliehenden Fußes von den Göttern Verwandlung erflehte. Doch Apoll resigniert nicht: »Weil es verwehrt ist, daß du Gattin mir werdest, / Sollst du doch als Baum mir gehören: Für immer / wirst du, o Lorbeer, das Haar, die Leier mir schmücken.« Ovid, Metamorphosen. Erstes Buch.

Die Liebe zum Lorbeer, Laurus nobilis, vereint Sänger und Dichter, Köche und Gärtner. Erst hat man nur den Siegern in Olympia den Lorbeer um die Stirn gelegt, später wurden auch Poeten zu Laureaten. Denn die Schriftstellerei ist eine sportliche Disziplin, bei der die Ausdauer belohnt wird. Kuß der Muse? Ritt auf dem Pegasus? Ach was! Aufs Sitzfleisch kommt es an.

Die gleiche geduldige Bemühung beim Gärtner, beim Koch. Der eine gibt zwei Lorbeerblätter zum Osso buco und wartet drei Stunden oder vier, bis das Kalb, sacht köchelnd im Gemüsesud, immer noch zart, aber gar ist. Der andere nimmt zwei Stecklinge und pflegt die Heranwachsenden im Topf und später im Kübel zwölf Jahre und länger, bis die Lorbeerbäumchen ansehnlich genug sind, als Blickfang auf der Terrasse zu dienen oder, der imperiale Gestus, als Türsteher am Hauseingang: Der römische Senat verlieh einst dem princeps Augustus das Ehrenrecht, beiderseits der Tür je einen Lorbeerbusch aufzustellen. Draußen im Garten werden wir uns den frostempfindlichen Lorbeer erst leisten, wenn wir auf den Alterssitz in Italien oder in der Provence übergewechselt sind. Dem Gott ward Lorbeer zum Lohn verlorner Liebesmüh, uns soll er Siegeszeichen sein.

Einstweilen muß der Kirschlorbeer genügen, der Strauch von ähnlichem Wuchs mit dem ebenso ledrigen Laub, das mitteleuropäischen Wintern gewachsen ist, solange die nicht gar zu grimmig sind. Kirschlorbeer? Das ist die gängige, falsche Bezeichnung. Die Pflanze heißt Prunus laurocerasus, also Lorbeerkirsche. Sie dient apollinischen Gemütern nördlich der Alpen als Lorbeer-Ersatz, hat mit dem Lorbeer aber nur Äußerlichkeiten gemein, man ist nicht verwandt, weder verschwistert noch verschwägert. Die Blätter sind auch immergrün, doch nicht für den Kochtopf, nur für die Vase geeignet. An ihren Blüten sollt ihr sie erkennen! Die sind weiß, kirschblütenweiß; der mediterrane Lorbeer Apolls blüht gelb.

Die Lorbeerkirsche könnte die Gärtnerstirn umranken, als Hecke oder mit wuchtigen Büschen bekränzt sie das Haus und den Garten. Lorbeerkirschen stehen im Park prachtvoll für sich oder geben einem kleinen dunklen Vorgarten freundliche Statur, vor allem sind sie jedoch Kulissensträucher, Hintergrundgewächse, sind der ausdauernd grüne Paravent für farbige Staudenfröhlichkeit. Anfang Mai, wenn am Boden noch nicht gar so viel blüht, steckt die Lorbeerkirsche selber Blütenkerzen auf. Damit sie es wirklich tut, damit nicht von Ostwind und Februarsonne gedörrtes Laub in toten Zweigen hängt, muß man allerdings auf Experimente verzichten und sich auf die einigermaßen winterfesten Sorten beschränken.

Die Voreltern unserer Lorbeerkirschen sind Nachbarn des Lorbeers: Sie sind in Südosteuropa und Kleinasien zu Hause, auf dem Balkan und in den Tälern des Kaukasus, wo sie leicht sechs Meter hoch werden. Wir sind schon stolz, daß ein starker Strauch namens »Herbergii« (es könnte auch »Reynvanii« sein) neben der Haustür bald die Dreimetermarke überwindet, doch der wackere »Otto Luyken« kommt über anderthalb Meter kaum hinaus, »Schipkaensis« und »Zabeliana« wachsen sowieso mehr in die Breite als in die Höhe. Alle sind sie unserm Klima leidlich angepaßt. Absolute Winterfestigkeit gibt es bei der Lorbeerkirsche nicht; im Frühjahr 1985 war sogar »Otto Luyken« bis ins alte Holz zurückgefroren. Es wird

Lorbeer in deutschen Gärten? Nördlich der Alpen blüht uns die Lorbeerkirsche, mit dem Lorbeer nicht verwandt, aber fast so schön

behauptet, am schattigen Platz komme die Pflanze besser über den Winter. Mag sein. Aber wichtiger als der Schutz vor der zehrenden Sonne ist der Schutz gegen den scharfen Ostwind.

Frankreich, du hast es besser! Schon im kargen Lothringen, noch mehr in Burgund und an der gesegneten Loire, von der Provence nicht zu reden, stehen die hohen, undurchdringlichen Hecken von hellgrüner, für unsere kontinentalen Verhältnisse allzu empfindlicher »Rotundifolia« und »Magnolifolia«. Welche Pracht! Wenngleich die besonders großen Blätter dieser Sorten meist barbarisch von der elektrischen Schere zerschnitten sind. Auch bei unseren kleinblättrigen Hecken lohnt es die Mühe, Zweig um Zweig blattschonend einzeln abzuzwacken: Gleich sieht das grüne Mobiliar so florentinisch aus, als wollten Paolo und Francesca vor oder hinter dem Buschwerk noch ins Buch oder einander schon in die Augen schauen.

Wie die Rhododendren sind die Lorbeerkirschen Liebhaber des

Halbschattens, sie gedeihen und blühen jedoch in voller Sonne nicht weniger gut. Wie alle Immergrünen sollen sie im Spätsommer weder gedüngt noch gegossen werden (damit nur ausgereiftes Holz in den Winter geht). Sie müssen aber bei Trockenheit im Spätherbst und sogar mitten im Winter gelegentlich gewässert werden, sofern der Boden nicht gefroren ist (denn die Blätter verdunsten Wasser auch in der kalten Jahreszeit). Doch so anspruchsvoll wie Rhododendren sind die Lorbeerkirschen nicht. Saure Lauberde tut gut und eine dicke Mulchschicht darüber, aber Kalk macht nicht gleich sterbenskrank. Und wenn dem verliebten Apoll, wenn dem glücklichen Gärtner im Mai die dionysische Ader schwillt, läßt sich die in unschuldsvollem Weiß erblühende Lorbeerkirsche willig umarmen, von dankbaren Blicken umfangen. Solange uns der Lorbeer verwehrt ist, darf die Lorbeerkirsche trösten.

Flieder kommt wieder

Was duftet doch der Flieder / so mild, so stark und voll! / Mir löst er weich die Glieder, / will, daß ich was sagen soll.« Während der Meistersinger Hans Sachs in Nürnberg den Frühling spürt, und je älter er wird, desto mehr, während er Schuhe besohlt und Reime klopft, reist der Doktor beider Rechte Ghislain de Busbecq von Wien an den Hof des Sultans Soliman II. und vermittelt einen achtjährigen Frieden mit den unruhigen Türken. Busbecq bleibt bis 1562 als Gesandter in Konstantinopel. Bei der Rückkehr nach Wien hat er nicht nur Mokka im Gepäck. In seinem Garten auf der Bastei zieht er Tulpen und setzt Flieder an die Mauer. Den nie zuvor gesehenen Strauch, der am Bosporus den Namen Lilak trägt, bezeichnet er den Freunden lateinisch: Lilac Turcorum. Die Wiener nennen den Busch türkischen Holler. Später hat Busbecq den Flieder auch ins heimatliche Flandern gebracht, als er die Erzherzogin Elisabeth nach Frankreich begleitete. Doch in Nürnberg und ganz Mitteleuropa konnten Gärtner oder gar Schuhmacher bis zum Ende des sechzehnten Jahrhunderts allenfalls eine Abbildung des Flieders vor Augen gehabt haben.

Deswegen wird es Richard Wagner als Anachronismus nachgetragen, daß er seinen Hans Sachs ebendiese Zeilen singen läßt: »Was duftet doch der Flieder so mild, so stark und voll! Mir löst er weich die Glieder, will, daß ich was sagen soll.« Was würde der ehrenfeste Sachs auf den Einwand hin sagen, Flieder habe an der Pegnitz als poetisches Stimulans zu seiner Zeit nicht zur Verfügung gestanden? Er würde sich räuspern und also singen oder sagen: Ihr Herren irrt! Und habt auch wieder recht. Saß ich unterm Flieder, so saß ich unterm Hollerbusch.

Holler und Flieder waren zwei Namen für denselben Strauch, den alteingesessenen Schwarzen Holunder. Der türkische Fremdling, dieser Lilak, hat später dem Holunder den Flieder streitig gemacht, hat diesen niederdeutschen Namen erobert, als die eroberungswil-

ligen Osmanen längst donauabwärts zurückgeworfen waren. In Wien hieß das Busbecqsche Haus zunächst einmal »Zur Hollerstauden«. Heute warten die Verliebten auch in Österreich darauf, daß der weiße Flieder wieder blüht. Die weißen Sorten von Syringa vulgaris, so heißt der Flieder jetzt bei den Botanikern, machen sich dennoch rar, sogar in der Fliedermetropole Wien. Noch seltener sind reinblaue Züchtungen oder primelgelbe. Das ist gut so. Der Flieder muß fliederfarben sein. Dann kann er einem waschechten Wiener wie dem Schauspieler Helmut Lohner zur Lieblingsblume werden.

Der Flieder reimt sich auf Glieder, Lieder, Mieder, nieder, wieder. Aber er steckt voller Ungereimtheiten. Warum Syringa, wenn sich doch die Nymphe Syrinx, vom göttlichen Pan verfolgt, in ihrer jungfräulichen Not in ein Schilfrohr verwandelte? Eine leichtere Frage: Warum hat Linné vor zweihundertfünfzig Jahren diesen türkischen Flieder den »spanischen« genannt? Weil geraume Zeit vor Busbecq die Araber den Lilak schon einmal nach Europa gebracht hatten, ums Jahr 900, als sie mit orientalischen Pflanzen und, dauerhaft, mit maurischer Architektur ihre Spuren in Spanien hinterließen.

Der Flieder reimt sich auch auf bieder. Flieder ist altmodisch. Wird ein Garten neu angelegt, steht Flieder nicht als erster auf dem Plan. Blüht aber ein alter Fliederstrauch im Vorgarten an der Straße, wird er spätestens in der Nacht vor dem Muttertag geplündert. Es sind nicht nur junge Biedermänner, die sich im Schutz der Dunkelheit an fremdem Eigentum vergreifen. Wir haben Frauen gesehen, die am hellichten Tag ungeniert zur Selbstversorgung schritten. Flieder reizt die räuberische Hand wie kaum ein anderes Gewächs. Damit er aber in der Vase nicht gleich zu welken beginnt, muß das Holz lang angeschnitten, das Laub abgestreift werden; Mimosa-Crysal ins Wasser, Grün vom Spierstrauch oder Schneeball

---

S. 24/25: Nirgends ist der Flieder so populär wie in Wien, wo er sich im Mai auch über die Gräber des Friedhofs St. Marx niederbeugt

dazu. In Marianne Beucherts gar nicht genug zu rühmenden Buch »Sträuße aus meinem Garten« (im Ulmer-Verlag) sind dem Flieder sechs Spalten gewidmet.

Im Garten blüht er länger und schöner. Und stellt keine Ansprüche. Die Sonne will er sehen. Doch der Boden mag sein, wie er will; Kalk schadet nicht. Gut genährt, mit Stallmist oder Blaukorn, steht der Flieder freilich besser da, als wenn er hungern muß. Manchmal wird empfohlen, den Strauch in jedem Jahr zurückzustutzen. Das macht der Erwerbsgärtner in der Blumenplantage. Wir schneiden nur die verblühten Rispen heraus.

Es hat lang gedauert, bis der Flieder von den Gärtnern als dankbares Objekt ihrer züchterischen Leidenschaft entdeckt wurde: Immer größer die Blüten, noch mehr Farben! Vom blassen Lila bis zum dunkelsten Violett, von Rosa bis Purpurrot, von Schneeweiß bis Himmelblau. Um das Jahr 1850 gab es erst zwei Dutzend Sorten. Dann nahm sich der Franzose Lemoine in Nancy den Flieder mit solcher Ausdauer vor, daß er schließlich zweihundertvierzehn Varianten in den Handel bringen konnte. Während der Belle Epoque war der Flieder obenauf. Der Berliner Ludwig Späth hatte in den dreißiger Jahren noch hundertfünfzig verschiedene Flieder im Katalog. Heute ist die Qual der Wahl nicht mehr so groß. In dem dicken Buch der »Gartengehölze« von Andreas Bärtels findet sich jedoch neben einundzwanzig Sorten von Syringa vulgaris eine staunenswerte Reihe von chinesischen und koreanischen Arten, die Neugier wecken, zumal sie ihre Blüten anders darbieten, meist in bogigen Rispen. Auch amerikanische Flieder sind dabei, die Preston-Hybriden, die später blühen, mit besonders großen, nickenden Blütenständen.

Die Amerikaner haben, wie in den kalifornischen Weinkellern, auch in der Gartenkultur europäische Tradition aufgenommen und führen sie weiter, ja voran. Kein Wunder, daß jetzt die erste Monographie nach fünf fliederlosen Jahrzehnten von dem amerikanischen Theologen und Fliederforscher Fr. John L. Fiala stammt: »Lilacs« (Timber Press, Portland, Oregon). Denn der Flieder kommt wieder. Er geht uns viel zu sehr zu Herzen. Und steigt duftend zu Kopf, wie der Holunder einst dem Hans Sachs. Wer achtet eigentlich auf die flüchtigen und die betäubenden Gerüche, wenn er durch den Garten geht? »Düfte treten Pedal in der Blumenmusik«, sagt der verewigte Gartendirigent Karl Foerster, von dem wir noch viel lernen können: Gartenlust ist auch Nasenlust. Hören wir aber erst einmal auf Jessye Norman, die raumfüllend Brahms-Lieder singt: »Meine Liebe ist grün wie der Fliederbusch.«

Der Rasen muß Schwung haben

Rasen oder Blumenwiese? Monokultur oder natürliche Vielfalt? Keine Frage! Die Wiese bitte jenseits des Zauns. Sie wächst von allein am besten. Im Garten aber den Rasen. Im Garten die Kunst. Ein Garten ohne Rasen, wäre das denn ein Garten? Der Graf von Bollstaedt, Dominikaner und Hochschullehrer, besser bekannt unter dem Namen Albertus Magnus, hat ums Jahr 1250 bei den Germanen nicht nur den Aristoteles bekannt zu machen gesucht. Er schrieb, wenn auch lateinisch, den immergültigen Satz: »Nichts erquickt das Auge so sehr wie feines, nicht zu hohes Gras.« Und er gab, in dem Essay »De vegetabilis«, auch Ratschläge, wie solch ein Rasen anzulegen sei, wie mit kochendem Wasser die Wurzelunkräuter bekämpft, wie die Graspolster eingepflanzt und festgedrückt werden. »Rezept für einen Lustgarten« heißt das einschlägige Kapitel.

Wir haben es leichter mit der Gartenlust und dem feinen, nicht zu hohen Gras. Aber noch schwer genug. Vor allem dann, wenn der Rasen nicht bloß eine Grünfläche sein soll, die genau besehen aus Grobgräsern und Unkräutern besteht. Wem die richtige Samenmischung zu teuer war, wird nie einen feinen Rasen haben. Wer sich nicht bückt, wer nicht zweimal in der Woche Hirtentäschel und Wegerich, Ehrenpreis und Vogelmiere auszupft, bevor sie recht sichtbar werden, wird nie einen sauberen Rasen haben. Wer seine Gräser mit Unkrautvernichtern strapaziert, wird keinen guten Rasen haben. Wer beim Düngen spart, wird keinen kräftigen Rasen haben. Wer immer nur mineralisch düngt, wird keinen gesunden Rasen haben. Wer immer erst samstags mäht, wird keinen befriedigenden Rasen haben. Wer den Mäher allemal in denselben Bahnen fahren läßt, wird keinen vollendeten Rasen haben. Wer nur einmal im Frühjahr vertikutiert, wer nicht immer wieder kehrt und recht, wird keinen gepflegten Rasen haben. Wer beim Einschalten des Sprengers an das hohe Wassergeld denkt, wird keinen bewunderns-

Bäume im Rasen sind schön, doch auch eine Erschwernis, wenn es Birken sind. Dann heißt es: doppelt wässern, doppelt düngen

werten Rasen haben. Wer Feuchtigkeit erst spendet, wenn es schon vierzehn Tage trocken war, wird keinen makellosen Rasen haben. Wer nicht gründlich wässert, nur für ein Viertelstündchen die Oberfläche näßt, wird keinen starken Rasen haben. Wer im Hochsommer englisch kurz schneidet, wird keinen englischen Rasen haben. Wer den Säurewert seines Bodens nicht überprüft und nötigenfalls Kalk streut, wird keinen schönen Rasen haben. Wer Mitleid mit den Ameisen hat, wird gelbe Flecken in seinem grünen Teppich haben. Wer unter Bäumen nicht doppelt düngt und dreifach gießt, wird störende Baumscheiben oder kahle Stellen haben. Wer die Mühe scheut, einmal im Jahr abzusanden, ein Topdressing zu veranstalten, wird keinen dichten Rasen haben. Wer seinen Rasen nicht liebt, wer sich nicht gelegentlich rücklings aufs Gras legt, den Wolken und den Schwalben zuzusehen, wird niemals einen beglückenden Rasen haben.

Wer allerdings nicht walzt, tut gut daran. Vor allem, wenn er auf

Lehm gebaut hat. Die meisten Böden sind nach kurzer Zeit sowieso schon zu dicht. Deshalb ist fast überall das Gegenteil richtig: Der Rasen muß aerifiziert, gelüftet werden. Mit einer Hohlzinkengabel werden fingerlange Erdkerne ausgestochen. In die Löcher wird Sand gekehrt oder eine Mischung aus Sand und Torf, weil sie sich sonst doch binnen kurzem wieder schließen. Rasenwurzeln brauchen Sauerstoff.

In diesem Sommer kamen Scharen von Staren, die mit spitzem Schnabel den Rasen lüfteten, Löcher hackten. Warum? Sie hatten es auf die Larven der Wiesenschnake abgesehen. Wer Schnaken hat und keine Stare, muß abends kräftig wässern, mit nassen Säcken abdecken und morgens die Larven aufsammeln. Sie sehen aus wie Engerlinge, genauso groß und fett, aber grau. Als wir ein Rasenpolster abhoben, fanden wir sechzig Larven auf einem Quadratmeter. Sie nähren sich von den Graswurzeln. Und das sieht man dem geschwächten, gelbfleckigen Rasen auch an; nur rätseln die meisten vergebens, woher der Schaden rührt. Zu allem anderen verlangt der Rasen nach Wissenschaft. Drei Bücher genügen. Eigentlich sind es nur zwei, das dritte ist zur Belohnung. Zuerst: David Pycraft, »Rasen und bodendeckende Gewächse« (Otto Maier, Ravensburg). Zusätzlich und fachlich: Frank Hope, »Rasen« (Eugen Ulmer, Stuttgart). Drittens und überhaupt: »Das Wisley-Gartenbuch« (ebenfalls bei Ulmer), ein englisches Gartenkompendium von fast fünfhundert Seiten, ein Lesebuch, das man nie ganz ausstudieren kann; das Rasenkapitel ist kurz und komprimiert, aber wieder von Pycraft. Über Rasenmäher sagen die Bücher wenig. Oft muß gemäht werden, viel öfter. Der Rasenmäher selber ist gar nicht so entscheidend fürs erstklassige Green. Eigentlich müßte es natürlich ein Spindelmäher sein. Er schneidet die Halme mit Messern. Der Sichelmäher köpft sie, allerdings fast ebenso sauber, wenn er in Schwung ist.

Daß aber der Rasen Schwung hat, ist viel wichtiger, daß er nicht rechtwinklig angelegt wird mit schnurgerader Begrenzung, vielleicht noch von Platten gesäumt. Soll das feine Gras eine Augenweide sein, so darf schon die Fläche in sanften Wellen schwingen, an den Rändern muß sie sich in Buchten verlieren, unter überhängendem Gezweig. Doch dafür ist die übliche Mähmaschine nicht gemacht, die geradeaus fährt und den Rasen rädert. Dafür ist der Luftkissenmäher gut. Der schwebt und rutscht in jede Richtung, unter jeden Busch, in jeden Winkel, über jeden Buckel. Der Luftkissenmäher ist das Ei des Kolumbus. Komisch, daß sich gar so viele Rasenbesitzer noch anders behelfen. Manche machen in ihrer Not sogar den Rasen zur Wiese.

Das große Azaleenfeuer

Elfter April 1816: »Im Garten mancherley Überlegungen.« Am zehnten April, drei Jahre zuvor: »War ich für mich im Garten.« Vier Jahre später, 15. April: »Im Garten geblieben, den Wolkenzug zu beobachten.« Hätte Goethe Azaleen gehabt unter den hohen Bäumen an der Ilm, er hätte nicht nach den Wolken gesehen, sondern die Augen niedergeschlagen: Wie stehen die Knospen bei John Cairns? Wie ist man über den Winter gekommen, White Lady? Wird Aladdin seine roten Lichter bald entzünden? Genügen Geduld und gutes Zureden oder sollte mit Dünger geholfen werden? Vielleicht etwas verrotteten Kuhmist als Mulchschicht?

Obwohl den Gärtner in Weimar die exotischen Azaleen noch nicht erreicht hatten, obwohl er mit Rhododendron allenfalls von fern bekannt geworden war (Azaleen sind eine kleinblättrige Spielart in der großen Rhododendron-Familie, die erst im Lauf des neunzehnten Jahrhunderts in Europa richtig Fuß faßte), hat er schon im Frühjahr 1780 eine Erfahrung notiert, die für jeden Garten gilt, besonders aber für den, der von Azaleen erobert wurde: »Die Verändrungen, die ich drinn gemacht habe liesen mich über die Verändrungen meiner Sinnesart nachdencken.«

Das ist ein Satz wiederum zum Nachdenken, ein schöner Satz. Dennoch unbefriedigend. Goethes Tagebuch deutet an, aber es verrät nichts. Was lernen wir daraus? Dem Garten gebührt ein eigenes Heft. Jürgen Dahl empfiehlt in seinen »Nachrichten aus dem Garten« (Klett-Cotta) sogar die doppelte Buchführung: ein Notizbuch für die Vergangenheit, für Taten, Beobachtungen, Erfahrungen; und ein Merkbuch für die Zukunft, für das, was bei Gelegenheit getan, probiert, gebessert werden soll. Heute ist es sonnenklar, morgen wieder vergessen. Auf das Gedächtnis ist kein Verlaß, nur auf die Gewohnheiten. Und die führen immer wieder zu den gleichen Fehlern.

Wiederholungsfehler will sich der Azaleengärtner nicht leisten;

Azaleen sind Liebhaber des Halbschattens. Wie die Rhododendren fühlen sie sich unter hohen Bäumen gut aufgehoben

verlorenes Geld läßt sich verschmerzen, nicht die verlorene Zeit. Und als Anfänger kann er genug falsch machen. Auch wenn er es richtig gemacht hat und erst einmal die deutschen Rhododendron-Bücher studierte, das von Gerd Krüssmann (bei Paul Parey) und das von Berg/Heft (bei Eugen Ulmer); auch wenn er in botanischen Gärten und bei den Züchtern in Norddeutschland einen Überblick zu gewinnen suchte. Schließlich hat er doch die falschen Pflanzen, wieder zu dicht gesetzt, die sparrig hohe Sorte steht zwischen breitwüchsigen, der großblättrige Busch bedrängt den filigranen Strauch. Und die Farben harmonieren nicht. Obgleich wir doch bei Gertrud Jekyll gelesen hatten, alle winterharten Azaleen können durcheinander gepflanzt werden. Ja, das schrieb sie vor achtzig Jahren, im Azaleen-Mittelalter, fügte jedoch schon hinzu: die weißen nach hinten, die gelben und roten nach vorn! Weiß ist unentbehrlich. Doch Vorsicht mit Rot. Kaltes Rubin besteht nicht neben warmem Karmin. Und wie rot ist eigentlich »scharlachrot« gegenüber »leuchtendrot« oder »tiefrot«? Auf den Farbbildern der Kataloge läßt sich meist kein Unterschied erkennen. In der Natur gleicht jedoch nicht einmal ein Weiß dem anderen. Darum tut man gut daran, die Pflanzen zu kaufen, wenn sie blühen.

Harmonieren müssen auch die Blütezeiten. Der Schlaukopf, der eine Azaleengruppe so zusammenstellt, daß von April bis in den Juni immer etwas leuchtet, hat es falsch gemacht. Der erblühende Strauch kommt neben dem hinwelkenden nicht zur Wirkung. Also: Gleichklang. Oder: Späte Sorten zwischen die ganz frühen.

Was sagt unser Merkbuch noch? Man kaufe, so raten erfahrene Leute, keine veredelten Sträucher, denn die treiben irgendwann wieder aus der Unterlage (plötzlich entfalten sich violette Blüten neben den gelben und roten), man verlange wurzelechte, die durch Stecklinge oder Absenker vermehrt worden sind.

Das Hauptproblem stellt sich erst nach dem Kauf, wenn es ans Pflanzen geht. Es heißt: Moorbeet, saure Erde, viel Torf, kein Kalk im Dünger, auch nicht im Gießwasser. Zweitens: Luftfeuchtigkeit. Darum: Windschutz. Und, zumindest für einen Teil des Tages,

lichten Schatten. Im Zweifel ist aber zu viel Schatten schlechter als zu viel Sonne. Es gibt eine Faustregel: Je kleiner die Blätter, desto stärker der Hunger nach Licht; je größer und heller das Laub, desto mehr braucht der Rhododendron den mittäglichen Schutz hoher Bäume – aber nicht die fortwährende Verdunkelung.

Wir halten uns notgedrungen an die frosterprobten Sorten. Sonst kann es bald böse Enttäuschungen geben. Später sehen wir aber anderswo beneidenswerte Sträucher, sensible Töchter empfindlicher Eltern. Auf diese Schönheit soll ich verzichten? Da will der getreue Ehemann wenigstens als Gärtner ersatzweise das Abenteuer. Auf die Gefahr hin, daß ihn die Natur im nächsten Winter wieder in die Schranken weist.

Die Azaleengärtnerei ist eine Erfahrungswissenschaft. Das soll den Anfänger nicht schrecken. »Der Meister sprach: Wer etwas kennt, reicht nicht heran an jenen, der es liebt; und der es liebt, reicht nicht heran an jenen, den es freut.« So sprach der Meister Kung, Konfuzius, der Philosoph im fernen Reich der Azaleenlust. Und Lust, das weiß der Knabe schon, verdient den Namen erst, wenn sie nicht ohne jede Mühe gewonnen worden ist. Wer in der Ungeduld des Aprils vor seinen bald lodernden Azaleen solche oder andere Überlegungen anstellt, mit dem Notizbuch oder ohne Schreibgerät, wird im Garten bleiben und den Wolkenzug beobachten, ja dankbar schon in den Morgennebel schauen.

S. 36/37: Spät öffnen sich die großen Blüten der Sorte »Golden Sunset« aus der Familie der Knapp-Hill-Hybriden. Aber dann lodert ihr Feuer um so kräftiger in sattem Gelb mit orangeroten Flammen

Mut zum Efeu

Wer hat Angst vor dem Efeu? Besorgte Mütter, sofern sie wissen, daß die blauschwarzen Beeren giftig sind. Überständige Töchter, sofern sie glauben, was die schwarzen Magier und die weisen Frauen sagen: Efeu am Haus sperrt die Freier aus. Kleinmütige Gärtner und Hausbesitzer, die für wahr halten, was als Gerücht umgeht: daß Efeu die Mauern zerstöre und Bäume erwürge.

Zwar klettert der Efeu zwanzig Meter hoch und höher, falls es ihm erlaubt wird; aber er ist weder ein Würger noch ein Schmarotzer und schon gar kein Steinesprenger. Mit harmlosen Haftwurzeln hält er sich lediglich am Fels, an der Mauer oder an der Rinde fest. Die botanischen Bücher wiederholen es geduldig. Doch was kümmert's die Leute. Alle die neuen und nicht mehr ganz neuen Häuser stehen so nackt herum, als seien sie stolz auf ihre trostlosen Fassaden. Und deswegen können wieder die Mütter unbesorgt sein: Wo Efeu nicht klettert und wo er nicht wenigstens acht Jahre alt geworden ist, kommt er gar nicht dazu, im Spätsommer die grüngelben Blütendolden zu bilden, an denen dann im Frühjahr die dunklen Beeren erscheinen.

Wer muß den Efeu wirklich fürchten? Der Weißbinder, der Gipser, das Malerhandwerk. Denn Efeu schützt und schmückt die Mauer nicht weniger als die kräftigste Dispersionsfarbe, jedoch viel länger. Wo sich der immergrüne Kletterer einer leeren Wand erbarmt hat, brauchen die nächsten drei Generationen kein Gerüst aufstellen zu lassen. Nur eine Leiter muß angelegt werden von Zeit zu Zeit, damit der wachsende Pelz ganz oben, wo er kopflastig wird, zurückgeschnitten werden kann. Wer fürchtet den Efeu noch? Die Hausfrau. Denn: Spinne am Morgen bringt Kummer und Sorgen. Wenn der Hausherr mit der Meinung, hinter dem Blättervorhang werde die Mauer feucht, in die Irre geht, so ist das Ungeziefer-Argument nicht rundheraus falsch. In der trockenen Luft einer

Efeuwand fühlen sich die Spinnen wohl. Allerdings haben wir an einem neuen Haus, noch ohne Efeu, auch Spinnen genug. Mehr können es unterm Efeu gar nicht werden. Dafür sorgen dann schon die Vögel. Sind jemandem auch die nistenden Amseln lästig, so ist er des Efeus nicht wert.

Andere aber mögen dem Efeu, der gerade noch als Bodendecker geduldet wurde, der in Gartenwinkeln und auf Friedhöfen ein bescheidenes Dasein fristet, nun vielleicht doch wieder einen Platz an der Sonne einräumen. Schon geraume Zeit rollt ja die grüne Welle der Bioarchitektur, die in dem Häuserbepflanzer Hundertwasser ihren ersten Propheten hat. Dazu kommt nun ein Buch, das manchen Mut machen wird, nicht bloß aus der Ampel im Blumenfenster ein paar dekorative Ranken schwingen zu lassen.

Es ist das erste Efeu-Buch seit Jahrzehnten: In England, dem klassischen Land des Efeus, wo die viktorianische Modepflanze auch ins Hintertreffen geraten ist, hat ein Inspektor des britischen Landwirtschaftsministeriums mit seiner Efeu-Monographie die Kenntnis der Gärtner auf den gegenwärtigen Stand gebracht. Eigentlich war es dem Efeukundler, der den Namen Rose trägt, nur darum zu tun, in das Nebeneinander und Durcheinander von Benennungen und Sorten Ordnung zu bringen. Doch seine Katalogarbeit wuchs nicht anders als der Efeu auch: erst kam sie nur schwer voran, dann fächerte sie kräftig in die Breite. Der Verlag Eugen Ulmer in Stuttgart hat eine deutsche Ausgabe herausgebracht (Peter Rose: »Efeu«), die von dem Klosterbruder Ingobert Heieck aus der Abtei Neuburg bei Heidelberg für die hiesigen Verhältnisse ergänzt wurde. Bruder Ingobert ist selber ein ausgewiesener Kenner, Sammler und Züchter. Rose und Heieck stellen hundertzwanzig Sorten vor: Kulturgeschichte, Aussehen, Bedürfnisse, Winterhärte. Die Hälfte davon wird neben der Beschreibung im Farbfoto gezeigt. Auch wenn alle Pflanzen mit dem Bild vorgestellt würden, was der Laie sich natürlich wünschte, wären wir doch nicht zuverlässig im Bilde, weil Efeu, besonders die in Europa heimische und bei den Gärtnern in den meisten Varietäten angebotene Art Hedera helix,

Als Bodendecker beliebt, als Fassadenkletterer gefürchtet: Hedera helix, der Efeu, ist ein Opfer unausrottbarer Vorurteile

dazu neigt, Besonderheiten zu entwickeln, Wuchsformen zu wechseln, oft am selben Stock. Zudem zeigen alle Arten der Gattung Hedera in der Jugend andere Blätter als im Alter. Je reifer die Pflanze, je näher der Blüte, desto mehr verlieren die Blätter den typischen gelappten Umriß, sie werden eiförmig wie die des Birnbaums. Am Boden und im Schatten kommen sie jedoch oft aus dem Jugendstadium gar nicht heraus; der Efeu liebt nämlich Sonne und Wärme durchaus, nur die Wurzeln brauchen die Feuchtigkeit und nährstoffreichen Boden.

Der Efeu ist ein Gewächs der Alten Welt; Hedera colchica stammt aus dem Kaukasus, die Urheimat unserer Hedera helix wird in Istrien vermutet. Jetzt ist der Efeu in Amerika am heftigsten zu Hause, vielleicht deshalb, weil er dort wild nicht vorkommt. In Mt. Vernon im Bundesstaat Virginia hat die American Ivy Society ihren Sitz, die auch für Europa verbindlich entscheidet, welche neuen Züchtungen unter welchem Namen zugelassen werden.

Den Engländern, die das ideale Efeuklima haben (in Deutschland müssen wir uns auf die winterharten Sorten beschränken), bleibt die Erinnerung an jene nachrömischen Zeiten, als der Efeu vor jedem Gasthaus obligatorisch war, zumindest als Kranz, als bush, auf hoher Stange, zum Zeichen, daß hier Gott Bacchus regiere. »Good wine needs no bush«, sagt ein britisches Sprichwort, gute Ware benötigt keine Werbung. Guter Wein bedarf des Efeus nicht: In der Antike hatte solch ein Satz noch einen anderen Sinn. Damals wurden Weinbecher aus Efeuholz gefertigt, dem man die Fähigkeit zuschrieb, Wein und Wasser zu scheiden, verwässerten Rebensaft zu entlarven. Der Efeubecher, ein Mittel des Verbraucherschutzes. Das Efeulaub jedoch, das dem Weingott und seinen Begleitern unentbehrlich war, sollte die Stirnen der erhitzten Trinker kühlen, die Folgen des Übermaßes und die böse Wirkung unsauberer Kreszenzen lindern. Unser Wein bedarf des Efeus nicht. Die Mauern über dem Weinkeller können jedoch mit Efeu nur gewinnen.

Berauscht vom roten Mohn

Was haben Köche und Gärtner gemeinsam? Sie scheuen keine Mühe. Trotzdem soll man nicht den Koch zum Gärtner machen. Wohl aber den Gärtner zum Koch. Der nimmt vierzig Gramm gemahlenen Mohn, fünf Eigelb, hundertfünfzig Gramm Zucker und das Mark einer Vanilleschote, gibt einen guten Löffel Orangenblütenhonig dazu und schlägt im heißen Wasserbad auf. Schlägt den feinen Schaum auf Eis weiter, bis er wieder kalt ist. Zieht einen halben Liter steife Sahne unter. Läßt die Süßigkeit gefrieren. Zu vier Portionen Honigeis mit Mohn.

Das ist nicht Opium fürs Volk, sondern ein kalter Gaumenkitzel für Männer. Das ist ein Rezept des Aachener Gala-Kochs Gerhard Gartner, mitgeteilt schon im Heft 17 von Johann Willsbergers »Gourmet«, jener vierteljährlich erscheinenden Zeitschrift, die mit festen Einbanddeckeln im Großformat gewichtiger daherkommt als manches Buch. Der nachschmeckenden Zunge wird Erstaunliches geboten, dem Auge noch einiges mehr. In diesem Fall läßt Willsberger das Eis zwischen gelbem und orangenem Islandmohn anschmelzen. Und zwei Jahre zuvor, im Sommer 1978, ließ er den Klatschmohn feuerrot aus dem dunklen Mohnkuchen wachsen, den Monika Witzigmann gebacken hatte. Kein Gartenbuch hat den Mohn je so schön präsentiert wie diese Münchner Gaumenlustbücher, die uns schon so viele Jahre berauschen. Von den bösen Lüsten und Räuschen, an denen der Mohn beteiligt ist, muß hier nicht die Rede sein. Der Hinweis auf Thomas de Quinceys »Bekenntnisse eines Opiumessers« mag genügen. Wiewohl vor hundertsechzig Jahren in England geschrieben, ersparen sie das Studium neuerer Rauschgift-Reports und wecken Verständnis für eine deutsche Polizeiaktion, als einem gebürtigen Schlesier das Beet mit blühendem Mohn von Staats wegen niedergemäht wurde. Es sei ihm nur um den harmlosen Samen zu tun gewesen, beteuerte der Geschädigte. Die Gesetzeshüter glaubten aber, einschreiten zu müssen, weil die

unreifen Samenkapseln, angeritzt und gemolken, den milchigen Rohstoff für Rauschgift liefern können. In der Bundesrepublik ist der Anbau von Mohn verboten.

Gemeint ist allerdings nur jener Mohn, dessen blaugraue Samenkörner auch für Gartners Eis und für Frau Witzigmanns Kuchen gebraucht wird. Jener Mohn, dessen Alkaloide so schmerzlindernd und so suchtgefährlich sind, Papaver somniferum, Schlafmohn, Blüte weiß bis violett. Nicht betroffen sind alle die anderen Arten, die gemeinhin in Gärten und Feldern zu finden sind: der Islandmohn, Papaver naudicale, der schon im Mai blüht, weiß, gelb, orange bis scharlachrot. Oder der Türkenmohn, Papaver orientale, der drei, vier Wochen später kommt, tiefrot die imposanten Blütenblätter, neuerdings auch in allerlei hellen Varianten. Oder der Alpenmohn, Papaver rhaeticum, der sommerlang den Steingarten belebt. Oder der Klatschmohn, Papaver rhoeas, ein Unkraut, das von den überdüngten Äckern fast verschwunden ist, jedoch großblumig als Shirley-Mohn kultiviert wird. (Wie kam der Klatschmohn zu seinem Namen? Früher, als die blaue Kornrade und der rote Mohn noch auf den Ackerrainen wuchsen, haben wir ein großes Blütenblatt so gefaßt, daß ein luftgefüllter Beutel entstand, der auf dem anderen Handrücken kräftig aufgeschlagen wurde. Damals war der Mohn ein Kinderspiel.) Oder der Saatmohn, Papaver dubium. Der Sandmohn. Der Kaukasusmohn. Es gibt noch hundert Arten und aberhundert Sorten. Die gängigen für den Garten werden in dem unentbehrlichen Ratgeber von Richard Hansen und Friedrich Stahl vorgestellt: »Die Stauden und ihre Lebensbereiche in Gärten und Grünanlagen« (Verlag Eugen Ulmer, Stuttgart). Bis sie allerdings gesät oder als Jungpflanzen gekauft werden können, bedarf es einiger Nachfrage bei Samenhändlern und Staudengärtnern. Im Samenständer des nächstbesten Garten-Centers findet sich manchmal nicht eine einzige Sorte. Der Mohn ist nicht in Mode.

S. 44/45: Türkenlouis heißt die schönste der glutroten Sorten von Papaver orientalis mit Blütenblättern wie von zerknitterter Seide

Haben wir ihn aber erst einmal, kommen wir kaum mehr von ihm los: Er sät sich selber hundertfach aus. Wie viele Samen rieseln denn aus einer Kapsel? Unzählbar viele. »Der Mohn war der Ceres und der Juno, als Beschützerinnen der ehelichen Fruchtbarkeit, zugeeignet«, schrieb Friedrich Ludwig von Sckell, königlich bairischer Hofgarten-Intendant, in der zweiten verbesserten Ausgabe seiner »Beiträge zur bildenden Gartenkunst«, die 1825 postum erschien. Die Werner'sche Verlagsgesellschaft in Worms brachte vor einigen Jahren wieder ein Faksimile heraus. Über den Mohn ist da zwar nichts weiter zu erfahren, aber der Nachdruck dieser Inkunabel ist ein Andachtsbuch auch für Gartenanfänger.

Den Mohn muß man gar nicht in Büchern studieren. Am besten besucht man eine Staudengärtnerei wie Kayser und Seibert im hessischen Roßdorf oder die der Gräfin Zeppelin in Sulzburg im Markgräfler Land (der »Iris-Gräfin«, die sich auch dem Mohn verschrieben hat); man nimmt einiges mit und probiert aus, was in den Garten paßt, und wartet ab, was sich wohlfühlt auf dem heimischen Lehm. Aufgegangene Sämlinge müssen im nächsten Frühjahr rasch verpflanzt werden, wo sie zu dicht stehen, sonst gelingt es nicht mehr. Denn der Mohn treibt Pfahlwurzeln. Das heißt: Er mag lockere Böden; warm und nahrhaft dürfen sie sein.

Der Klatschmohn und der Schlafmohn sind einjährige Kräuter. Doch Türkenmohn, Islandmohn und Alpenmohn sind ausdauernde Stauden. Im Garten werden sie allerdings kaum älter als drei Jahre. Daß der Türkenmohn seine glutroten Kelche wie von zerknitterter Seide auch im zehnten Jahr aus dem Cotoneaster-Dickicht gegen die Sonne hebt, gehört zu den Überraschungen, die sich der dilettierende Gärtner gern gefallen läßt. Bevor er in die Küche geht, die Seinen mit dem geeisten Honigmohn zu überraschen.

Die stolze Waldrebe

Es gibt Mädchen, die so schön sind oder so klug oder klug und schön zugleich, daß den Männern der Puls schneller schlägt, das Herz aber in die Hose fällt. Es gibt Pflanzen, die Aufsehen erregen und die Verehrer doch zaudern lassen. Die Clematis, die zarte, prächtige Waldrebe, ist solch ein seltsames Geschöpf.

Balzac verglich eine gewisse Art von Mädchenschönheiten mit Luxuspferden, die viel zu aufwendige Wartung erfordern, als daß sie für den Alltag tauglich wären. Ähnlich scheint es sich mit der Waldrebe zu verhalten. Sie wird bewundert und aus Besorgnis gemieden. Verhält es sich wirklich so?

Nein. An mutigen Liebhabern fehlt es nicht. Jahr für Jahr werden in Baumschulen und Gärtnereien einige hunderttausend Clematispflanzen zu den Kassen getragen. Aber wie selten entdecken wir in einem Garten oder an einem Haus das sich entfaltende Ergebnis dieser hunderttausendfachen Kauflust! Es ist eben meist nicht mehr als eine Lust, es steht kein Eroberungswille dahinter, keine Liebhaberschaft, allenfalls eine Verliebtheit, eine Laune. Wer aber nach der Clematis greift, die ihm den Kopf verdreht hat, und bloß einer Schwäche nachgibt, ist den Launen und Ansprüchen seiner Erwerbung wahrscheinlich nicht gewachsen.

Denn anspruchslos ist sie nicht, die für das Leben in der Stadt feingemachte Tochter des Waldes. Wo sie ihren Fuß hinsetzt, soll der Boden gut vorbereitet sein, kühl und feucht, aber nicht naß, sondern luftig; unterm Pflanzloch ist also eine Drainage aus Schotter und Sand anzulegen. Bei Trockenheit muß oft gegossen und dann auch mehr gedüngt werden, damit die Auswaschung von Nährstoffen ausgeglichen wird. Je mehr Kompost und Lauberde oder Torf zur Lockerung in die Pflanzerde gemischt wird, desto mehr Kalk muß dreingegeben werden, am besten einige Schaufeln alten Mörtelschutts. Wird an eine Mauer gepflanzt, sollte man einen halben Meter Abstand halten, sonst steht die Clematis im Regenschatten auf dem Trockenen. In jedem Fall braucht der Standplatz am Fuß der Pflanzen Sonnenschutz, große Steine können es sein, Stauden oder niedriges Buschwerk. Aber Vorsicht: Wurzelkonkurrenz ist unerwünscht. Veredelte Pflanzen, und fast alle sind veredelt, müssen tiefer gesetzt werden und die flach zur Mauer hingeführten Triebe eine Handbreit mit Erde bedeckt werden, damit auch das Edelreis Wurzeln schlägt; das macht die Pflanze unempfindlicher gegen Hitze und Frost.

Sind derlei Voraussetzungen erfüllt, ist die Waldrebe aber noch nicht bereit, eine kahle Wand mit Blütensternen zu bedecken. Sie erwartet Aufstiegshilfe. Denn sie ist kein Klettergenie wie der Efeu oder der Wilde Wein, die mit Haftwurzeln und Saugnäpfen an der blanken Mauer emporsteigen. Sie ist eine schmiegsame Liane. Sie schlingt und rankt und hält sich am Spalier von dünnen Latten oder starken Drähten. Maschendraht darf es nicht sein, wie sähe das aus! Und die alten, verholzenden Triebe, die gelegentlich auszulichten sind, wären da nie mehr herauszulösen. Das Mädchen muß sich kämmen, das Pferd will gestriegelt sein, die Clematis soll nicht verfilzen. »Nichts ist verdrießlicher als eine ungepflegte Waldrebe«, schrieb Christian Grunert, der erfahrene Gärtner und Pflanzenporträtist.

Und da sind wir schon wieder an einem schwierigen Punkt. Jene Arten und Sorten, die im Hochsommer und im frühen Herbst blühen, also am jungen wachsenden Holz, verlangen im Spätwinter einen kräftigen Rückschnitt, der viele neue Triebe bewirkt. »Die alte Sitte, die Pflanzen jedes Jahr bis zur Erde zurückzuschneiden, ist jedoch eine Roheit und unnötig,« erklärt Franz Boerner in dem Ulmer-Buch »Blütengehölze für Garten und Park«. Aber Achtung! Es gibt auch Frühsommerblüher wie die Clematis montana. Schere weg! Ihre Knospen sitzen am vorjährigen Holz. Bei diesen Reben darf allenfalls gleich nach der Blüte etwas eingekürzt oder ausgeglichen werden.

Das waren die Ansprüche. Nun zu den Launen. »Der große Nach-

teil, der den Clematis-Hybriden anhaftet«, so schreibt Boerner, sei der Umstand, daß sie manchmal im besten Wachstum einen Kollaps kriegen und von einem Tag auf den anderen absterben. Es ist natürlich keine Laune, sondern die pure Not. Es handle sich bei der Clematiswelke um eine Infektion, eine Pilzkrankheit, meinen die meisten. Andreas Bärtels referiert in einem anderen Ulmer-Buch voller Clematiswissenschaft (»Gartengehölze«) die Erfahrung des englischen Züchters Jim Fisk. Der glaubt, es sei nichts anderes als Wassermangel. Die wenigen extrem dünnen Triebe können in sommerlichen Hitzeperioden den Verdunstungsverlust des Laubes kaum ausgleichen. Er rät, dreimal wöchentlich zu wässern und zusätzlich einmal mit Flüssigdünger aufzuhelfen. Also lasse man die Waldrebe nicht hungern oder dursten. Das tägliche Quantum an Aufmerksamkeit und Zuwendung muß ihr wie selbstverständlich zuteil werden. Fordern mag sie es nicht. Eher geht sie ein.

Die stolze Clematis ist die schönste aller Mauerblumen, ein Mauerblümchen ist sie nicht. Darum hat sie es hierzulande doppelt schwer. Die Deutschen bewahren eine tiefe Furcht vor jeglichen Kletterpflanzen. Sie schätzen die Schönheit, die zu Füßen sitzt, in höhere Etagen soll sie nicht aufsteigen; sie wüchse uns ja über den Kopf und brächte das geordnete Hauswesen durcheinander.

Die vermeintlich so konservativen Engländer sind da lockerer, souveräner. Ein Blick in ihre monographische Clematis-Broschüren zeigt, daß wir die Clematis gar nicht unbedingt an die Mauer setzen müssen, so gut das manchem Haus bekäme. Eigentlich wollen die schönen Abkömmlinge der Waldrebe immer noch übers Buschwerk laufen und in Bäume klettern. Wie leicht könnte mancher Vorgarten voller Koniferen aus seiner Friedhofsstarre erweckt werden, würde ihm nur ein fröhlicher Überwurf von blauen, roten oder weißen Clematisblüten gegönnt!

S. 50/51: Die blaublütige Clematis »Perle d'Azur« ist ein Kind der wilden Waldrebe, rankt an Zäunen und Mauern, steigt aber auch in Bäumen empor

Aus dem Steingarten

Rosmarin und Thymian / wächst in unserm Garten. / Mutter, gib mir einen Mann, / ich kann nicht länger warten!« Hat diese Tochter recht? Wächst Thymian im Garten? Eine Pflanze des Mittelmeers, die nördlich der Alpen den Winter fürchtet? Freilich, Thymus vulgaris, das aromatische Küchenkraut aus dem Gewürzladen, der sogenannte Garten-Thymian, ist nichts für unsere Gärten. Gemeint ist jedoch der Feld-Thymian, der Quendel, Thymus serpyllum: er duftet schwächer, ist aber auch brauchbar in der Küche, gut für Magen und Darm, wirkt gegen den Husten, und ungeduldige Mädchen glaubten einst, sich gegebenenfalls auf seine Hilfe verlassen zu dürfen. Denn der freche Abzählreim stammt aus der pillenlosen, der schrecklichen Zeit. Damals kroch der Quendel als niedriger Halbstrauch kaum handhoch im Kräutergarten, versorgte Hausapotheke und Hexenküche. Heute setzen wir den immergrünen Quendel natürlich auch noch aufs Kräuterbeet. Unentbehrlich ist er im Ziergarten: Thymian ist ein wunderschönes Mauerblümchen. Auf dem Foto beugt sich zwischen Storchschnabel und Nelke das Kissen eines Thymus serpyllum, genauer: Thymus praecox »Annie Hall«, übers niedrige Gemäuer, über die locker aufeinandergesetzten Steine, die diesem Hungerkünstler das nötige Maß an Trockenheit verschaffen.

Im Steingarten, in dem es vor allem im Frühling blüht, sorgt der Quendel im Juni und Juli für Geschmack und Farbe, selten weiß, meist rosa, aber auch mit kräftigen Karmintönen. Karl Foerster, der Steingarten-Enthusiast, rühmte ihm akrobatische Anpassung und abenteuerliche Wanderkraft nach, von den Gletscherhöhen bis hinunter zu den Heiderainen und Waldsäumen der Tiefebene; sein oft zitronenartiger Würzgeruch wecke Fernweh wie Heimweh. Auch deshalb spiele er eine so wichtige Rolle im Steingarten; denn der ist doch der Fernwehgarten am Haus; der Platz für die Erinnerungsseligkeiten der Bergwanderer und ein Sehnsuchtsort für die Freunde

des Ostens. Den Umgang mit Steinen haben wir von den Chinesen und Japanern gelernt; die Gewächse jedoch, die sich den Steinen anschmiegen, haben zuerst und doch spät die Zeitgenossen und Landsleute des Engländers Whymper in den Alpen gefunden, die ja nicht alle den Ehrgeiz hatten, das Matterhorn zu bezwingen.

»Den Weisen erfreut das Wasser, den Tugendhaften erfreuen die Berge.« So sprach K'ung-tse, der in Europa Konfuzius heißt. Den tugendhaften Gärtner erfreuen die wohlgesetzten Steine, gegen das Wasser hat er oft Bedenken. Die Steine sind Ruhepunkte im Wechsel des Blühens und Vergehens, des Einpflanzens und Umpflanzens, des Säens und Ausreißens. Sie sind Bremsklötze der gärtnerischen Ungeduld. Jawohl, der Ungeduld. Geduld wird vom Gärtner verlangt, weil er sie nicht hat. Über das Wesen des Gärtners sind allerhand Vorurteile im Umlauf, auch die Selbsttäuschung spielt mit. Der Gärtner ist ein Regisseur, der sich für jede Aufführung einige neue Darsteller verpflichtet, der die Hauptrollen rücksichtslos umbesetzt und trotz fortwährender Kulissenschieberei mit dem Bühnenbild nie zufrieden ist.

Der leidenschaftliche Gärtner ist ein fürchterlicher Unruhestifter. Die Kuhschelle, diese langlebige Königin des Steingartens, kann er allerdings nicht verpflanzen. Ihre Pfahlwurzel duldet es nicht. Deswegen ist Sitzfleisch für einige Studierstunden nötig, wenn der Steingartenanfänger nicht zu viele Enttäuschungen erleben will. Zuerst einmal wird er sich von der Kenntnis und der Begeisterung Karl Foersters verblüffen und anstecken lassen: »Der Steingarten der sieben Jahreszeiten«, in siebter Auflage postum 1981 in Radebeul erschienen, nun in Lizenz auch beim Stuttgarter Verlag Eugen Ulmer. Foerster wurde auch nie müde, gegen die Wasserscheu, gegen die lächerliche Mückenangst anzuschreiben: Zum Trockengarten gehört die Feuchtigkeit, also der Gartenteich oder zumindest die sumpfige Mulde. Das Wasser zum Stein fordern

---

S. 54/55: Es gibt Mauerblümchen, die begehrt werden: Der Feldthymian legt flache Kissen über den nackten Stein

auch die neueren Bücher aus dem Ulmer-Verlag: »Der Steingarten« von Wilhelm Schacht und Fritz Köhleins »Saxifragen«; der eine führt mehr ästhetische Gründe an, der andere empfiehlt Sprühnebel für jene Steinbrecharten, die sich mit der Lufttrockenheit eines Flachlandgartens einfach nicht abfinden können.

Ist einer sogar beim Lesen ungeduldig, so hat er in Wolfgang Hörsters BLV-Taschenbuch »Steingärten« einen Kurzlehrgang, ebenfalls glänzend illustriert, der zumindest den Anfang erleichtert. Denn das Anfangen, das Anlegen des Steingartens ist das Schwerste, nicht bloß von der Muskelarbeit her. Kaum zu glauben, wie viele Fehler gemacht werden können. Manche machen überhaupt alles falsch, wodurch der Steingarten ziemlich in Verruf geraten ist: Ein schräger Erdwall buckelt sich vor der Terrasse, mit Felsbröckchen gespickt wie der Hasenrücken mit Speck; darauf ein buntes Tuttifrutti von Iberis und Blaukissen, Steinbrech und Enzian, Fetthenne und nadeligem Zwerggesträuch.

Sind Steingärtner denn überhaupt richtige Gärtner? Sie können doch ihr Werkzeug gar nicht anwenden, den Spaten, die Hacke, die Grabgabel und den Rechen. Nicht einmal nach Herzenslust düngen dürfen sie. Und was hat der fertige Steingärtner noch anderes zu tun, als sich selber einen schattigen Platz für den Liegestuhl zu suchen? Das sind so Fragen, die der Steingarten dem Fortgeschrittenen später erbarmungslos beantwortet. Falls nicht vorher die Bücher gewarnt haben. Der Steingarten, die Trockenmauer und das Wasser nebenbei – sie sind die Essenz des Gärtnerischen. Sie fordern den ganzen Mann.

»Warm atmet der Fels: schlief wohl zu Mittag das Glück auf ihm seinen Mittagsschlaf.« Das ist die Lesefrucht eines faulen Gärtners, der sich den Pflückort des reifen Zitats nicht notiert hat. War es wirklich Nietzsche? Ein Philosoph jedenfalls, ein Dichter zugleich, gewiß kein Steingärtner, der seine Mauerblümchen zu pflegen hat. Was weiß der rastlose Gärtner vom Glück des Mittagsschlafs!

Stachelbeeren haben Dornen

»An den Stachelbeerhecken, die Joseph längs des Lattenzauns gezogen hatte, reiften die ersten Früchte.« Der beiläufige Satz aus den Dorf- und Schloßgeschichten der Marie von Ebner-Eschenbach rührt schon an den Kern unserer Stachelbeergefühle, wirft jedoch zuerst ein Streiflicht in die Frühgeschichte der Stachelbeerkultur, als die Stacheln fast so willkommen waren wie die Beeren. Rosen tragen Stacheln, die Zweige des Stachelbeerstrauchs sind mit richtigen Dornen bewaffnet, manche mit einzelnen, andere mit doppelten Spießen. Einige Sorten, vielleicht die begehrtesten, sind dreifach bewehrt, Hönings Früheste zum Beispiel, deren behaarte goldgelbe Früchte in solchen Zeilen gemeint sein könnten: »Bei den Stachelbeeren fällt mir ein, / die schmecken gar zu süß.« Schiller hat diese frühreife Süßigkeit, diese süßeste der Süßen aber noch gar nicht gekannt. Sie wurde erst zu Kaiser Wilhelms Zeiten von dem rheinischen Züchter Julius Höning in die Welt gesetzt, als die Stachelbeerhecke kaum noch als Schutzwehr gegen Hasen und andere ungebetene Gäste gepflanzt wurde, sondern schließlich nur noch zur Schlemmerei.

Unter den Händen der Gärtner sind die Beeren aromatischer geworden, purpurrot, dunkelgrün, gelb und fast weiß, auch größer, doch die Dornen haben weder Höning noch sein schwäbischer Kollege Mauk wegzuzüchten vermocht. Was wäre das auch, eine Stachelbeere ohne Stachel, die ja, schlimmer noch, Dornen sind? »Ein Kuß und ein Stachelbeerlein wölln mit Fürsicht geraubet sein.« So ein Satz bleibt hoffentlich noch lange wahr. Die schöne Formulierung wird einem Gozbert dem Greiner zugeschrieben, frühes sechzehntes Jahrhundert. Sie klingt aber so lebensnah, als sei sie samt dem Sänger Gozbert vor kurzem in der lyrischen Versuchsküche einer Hamburger Stachelbeeresserin entstanden. Außerdem ist das Stachelbeerlein unter diesem Namen erst seit etwas mehr als dreihundert Jahren bezeugt. Als Grosselbeere, Kreuzbeere, Klosterbeere, Grunzel oder Welsche Erbse mag sie schon dem und jenem Gozbert bekannt gewesen sein. Doch die erste Stachelbeere trat 1668 ans Licht, und erst 1711 war sie reif fürs Wörterbuch.

Reif oder nicht reif, das ist die Frage. Ein Frauenzimmer-Lexikon klagt schon 1715 über die Unsitte der Grünpflücke, die dazu führt, daß Köche »unzeitige Beeren« gedämpft zum Huhn servieren oder »in gewisse Torten schlagen«. Grüne Beeren auf dem Kuchen? Stachelbeermus zur Hühnerbrust? Darüber klagen die Frauenzeitschriften heute nicht, sie befördern dergleichen. (Manchen Stachelbeerrezepten kann man allerdings nicht ansehen, wie wunderlich wunderbar sie am Ende schmecken, obwohl oder weil sie ihren Ursprung oft in England haben, dem Schlaraffenland der gooseberry fans, wo die durstige und hitzeempfindliche Waldpflanze das ideale Gartenklima findet.) Die Grünpflücke, die immer noch fürs Kochen und Einkochen empfohlen wird, entlastet zwar den Strauch, leistet aber der Küche einen schlechten Dienst. Die Stachelbeere muß Säure und Zucker und Aroma entwickelt haben. Dann macht ein Stachelbeerkuchen auf Mürbteig, mit Bisquitbröseln überbacken, der besten Rhabarbertorte Konkurrenz.

Keine Frage, die Stachelbeere muß reif sein. Und unberührt. »Lucretia wurde von der Magisterin zu den Stachelbeersträuchern in den kleinen Hausgarten geführt«, berichtet Conrad Ferdinand Meyer im »Jürg Jenatsch«, damit sie sich ihren Nachtisch selber hole. Die Beere frisch vom Strauch, ein paar Kratzer dazu, das ist die Stachelbeerlust. Nicht die einzige. Jean Paul läßt den jungen Helf im »Leben Fibels« vom Hof in Dresden einen Sack voll Krapfen, Prinzesse-Pasteten, Galanterie-Küchlein und Marzipan nach Hause tragen: »Allem setzte er die Spitze durch ein Arzneigläschen auf, das er sich für seine liebe Seele im Walde, für Drotta, mit dem feinsten Stachelbeeren-Eise stopfen ließ und das er sauber in türkisches Papier wickelte.« Daß das Eis trotzdem zu Wasser erwärmt bei der Bedachten ankam, soll niemanden davon abhalten, sein Glück im entsprechenden Fall mit so etwas Unerhörtem wie Stachelbeereis zu versuchen.

Ist die Stachelbeere auch noch borstig und wird sie schon im Juni gelb und süß, heißt sie Hönings Früheste, falls es nicht doch die Lauffener Gelbe ist, die ihre Liebhaber nicht weniger glücklich macht

So er denn Stachelbeeren im Garten hat. Auf dem Markt findet man sie selten. Das Stachelbeerpflücken ist, wie das Küssen, eine Sache, die sich professionell verfeinern, aber kaum kommerziell betreiben läßt. Dem Liebhaber leistet die Stachelbeere weniger Widerstand, wenn er sie als Hochstamm über das Beet setzt. Wie romantisch? Wie praktisch! In den Gartenzeitungen gibt es zwar alle zwei Jahre den Artikel, der vom Hochstamm abrät, weil die dafür nötige Veredlung auf Goldjohannisbeere nur sechs oder zehn Jahre hält und dann an Wassersucht stirbt, falls nicht schon vorher ein Sturm die früchteschwere Krone auseinandergebrochen hat, die nicht ordentlich an den Pfahl gebunden war. Das Stachelbeerbäumchen genießt dennoch den Vorzug. Warum? Weil sich ein alter Mann nicht gern bückt. Der Hochstamm sieht hübsch aus, besser als niederes Gesträuch. Unter den Bäumchen wachsen im Parterre, so es von den Monatserdbeeren noch nicht ganz überwuchert ist, die Radieschen und der Pflücksalat. Vita Sackville-West schlug in einer ihrer Gartenkolumnen vor, Stachelbeerbäumchen in Töpfen als Allee an einen Plattenweg zu stellen. Gewiß ein sehr englischer Anblick, aber ein heiterer und ein einladender dazu.

An den Stachelbeerbäumchen reifen die ersten Früchte, natürlich Hönings Früheste, die gar zu süße, die nie zu süße. Dann Mauks Frühe Rote und der englische Maiherzog, die Weiße Neckartal und die Grüne Kugel. Wenn die Beeren kommen, ist der Sommer da. Mit diesen mundwässernden, krachenden, samtenen Früchten begannen einst die großen Ferien. Erwartungen wie vor Weihnachten. Jetzt wird halt der Schreibtisch geräumt, das Büro geschlossen. Denn im Garten blüht das süße Fleisch der Stachelbeere.

Hecken zum Verstecken

Schönes zu betrachten ist ein gutes Werk«, sagt das türkische Sprichwort. Schönes zu bewirken ist nicht weniger gottgefällig; schon deshalb, weil es mit Mühsal verbunden ist. Der biblische Fluch »Im Schweiße deines Angesichts« gilt nicht nur für Ackerbauern und Gemüsegärtner. Wer je beim Schneiden einer Hecke zugesehen hat oder gar selber die Heckenschere in der Hand hatte, und sei es eine elektrische, aber hoch über Kopf mit erlahmenden Armen, der weiß, warum die wenigsten der grünen Wände so aussehen, wie sie aussehen müßten: unten breit und dicht, nach oben sich verjüngend, die schlanke Trapezform von sauberen Kanten gekrönt oder sanft zur Kuppe gerundet.

Freilich: Die Garteneinfriedungen in England oder Dänemark zeigen diesen kunstvollen Zuschnitt. Haben Dänen und Engländer mehr Kraft im Arm? Oder fehlt es bei uns an Aufklärung und Anweisung? Gewiß nicht. Die von den Baumschulen kostenlos beigepackten Broschüren zeigen dem hartnäckigen Nichtleser im Bild, was immer wieder falsch gemacht wird und wie es richtig wäre. Luther seufzte: »Der Teufel steckt in der Hecken!« Leider hat er recht. Die deutsche Gartenhecke ist fast immer kopflastig und deswegen oft bocksfüßig und löcherig: Das Gebüsch hat dort, wo die Äste an der Basis natürlicherweise besonders kräftig auseinanderdrängen, nicht genügend Platz und nicht genug Licht für das Laub.

Die gut geschnittene, darum rundum gesunde und schließlich schöne Hecke ist in Mitteleuropa fast so selten wie ein weißer Rabe. Schuld daran trägt jedoch nicht der Beelzebub, sondern bloß die Bequemlichkeit. Nach oben auswärts und unten einwärts schneidet es sich leichter als umgekehrt. Und man müßte halt auf die Leiter steigen und wieder runter, wieder rauf, Meter um Meter weiterrükkend. Und zwei Richtschnüre wären zu spannen oder auch drei. Und man hätte den Platzbedarf für solche Arbeiten schon beim

Im englischen Chatsworth: Hecken bilden Säume

Pflanzen berücksichtigen sollen. Und man müßte ein Gefühl entwickeln für die Ästhetik der Hecke. Derlei lernt sich nicht von heute auf morgen. Heckenkultur ist Sache von Generationen. Was aber, wenn sich auch die Vorväter schon immer mehr als die Erzieher des Menschengeschlechts fühlten denn als Erzieher von Buchsbaum und Eibe!

Der kleinblättrige Buchs und die nimmermüde Eibe, Taxus baccata, sie sind die klassischen Gewächse für Einfassungen, Hecken, Lauben und für den daraus und daneben sich entwickelnden Figurenschnitt, der bei uns eben keine Chance hat. Sechs Taxusstöcke, zu fünf Hunden und einem Reiter geformt, die unentwegt über den Rasen hetzen: das ist bestenfalls ein englischer Spleen. Für Labyrinthe fehlt uns nicht nur der Platz, auch der Humor. Und die Geduld. Eine Taxushecke braucht zehn bis zwanzig Jahre, bis sie die sichtverwehrende Höhe von zwei Metern erreicht hat. Wer rechnet bei der Gartenplanung in solchen Zeitspannen? Die Jungen, die es erleben und erwarten könnten, gleich gar nicht.

Darum haben wir hier überall den schnellen Liguster, der schon in drei Jahren mannshoch wird, und neuerdings den Lebensbaum, Thuja occidentalis, der etwas langsamer, aber zuverlässiger nach fünf, sechs Sommern eine dichte, dunkle, düstere Zweimetermauer bildet. Die bei unseren Eltern noch beliebten Buchenhecken mit dem frühlingshellen Maikäferlaub sind aus der Mode wie der Maikäfer auch: Die Hainbuche verliert ihr brauntrocken raschelndes Laub zwar erst im Spätwinter, aber sie neigt bei mangelnder Pflege besonders schnell zum Verkahlen. Heute muß alles anspruchslos und immergrün sein. Doch auch die immergrünen Anspruchslosen wollen nicht nur richtig geschnitten gut im Licht stehen. Das so dicht nebeneinander gesetzte Gehölz braucht viel Wasser und Nährstoff. Hecken muß man schneiden. Und man muß sie gelegentlich wässern, sogar düngen.

Unseren bäuerlichen Vorfahren wäre derlei lachhaft erschienen. Sie nutzten lebende oder tote Hecken meist dorniger Art als eingrenzenden Schutz gegen streunendes Gesindel auf vier Pfoten oder zwei Beinen. »Wo die Hecke am niedrigsten, da steigt man über.« Nicht allein die Küche, auch die Gärtnerei leidet noch unter der Auszehrung des Dreißigjährigen Krieges: Unsere gutbürgerlichen Gartenhecken sollen wiederum nur schützen, jetzt gegen neugierige Blicke, gegen Wind oder Lärm. Daß sie Räume schaffen, Rahmen bilden, Überraschungen vorbereiten, Kulisse sein könnten fürs kleine Gartentheater, das haben einige Barockfürsten in Kassel oder Würzburg den italienischen Renaissance-Gärtnern abgeschaut, doch volkstümlich wurde die heitere Heckenkunst nur in wenigen Landstrichen, am Niederrhein zum Beispiel, wo schon mal grünes Geflügel auf der Einfriedung den Kragen reckte. Auch das ist Vergangenheit.

Wir müssen froh sein, wenn die eilige Heckenschere im Sommer wenigstens Rücksicht nimmt auf die Vögel, die wir winters gefüttert haben, und erst Ende Juli zu rattern beginnt, wenn die Jungen aus dem Nest, also ausgeheckt sind. Das Verbum hecken meinte im Mittelhochdeutschen so viel wie begatten, fortpflanzen, denn die

Im holländischen Walenburg: Hecken bilden Räume

Hecke ist der Ort, wo sich die Vögel vermehren. Und das Heckmännchen war dem Volksglauben nach ein Kobold, der für die Vermehrung von Geld und Gold sorgte. Klugheit gebietet noch heute, einen Heckpfennig im Beutel zu haben, damit das Bare nie ausgehe.

Nicht allein Klugheit gebietet dem Reihenhausgärtner, der Hecke mehr Aufmerksamkeit zu widmen. Hinter den Hecken wollen wir uns verstecken. Das ist das eine. Vor seiner Hecke erkennen wir den feinen Mann. Sein souverän geformtes Buschwerk ist so etwas wie der festliche Frack, der sich auch dem kleinsten Garten anmessen läßt. Die große Geste der hohen Hecke mag dem ehrgeizigen Gartenbesitzer zudem als augenfälliger Hinweis dienen: Hier bin ich ein Herr. Sofern er sich nicht den Luxus leisten kann und will, auf alle Schneiderei zu verzichten und die grünen Decksträucher wahrhaft großzügig in die Breite wuchern zu lassen.

Endlich blüht sie doch, die Catalpa

Die schönste Zeit im Jahr ist mein. Das ist der Frühsommer. Die erste Junihälfte. Erdbeerzeit. Immer noch Spargelzeit. Zeit für die Eismaschine. Die Amseln flöten. Die Drossel zeigt es ihnen. Manchmal auch die Nachtigall, als Gast. Die Abendsonne wirft Streifen warmen Lichts über die ziehenden Wellen des Rasens. Später, nach zehn, wenn Grund und Hintergrund schon dunkeln, glüht der blühende Hartriegel im letzten Dämmer.

Im Juni ist das Nachhausekommen besonders schön. Das Auto wird nicht in eine Garage gefahren, sondern unter die ausladenden Äste des Trompetenbaums, unter die weißen Blütenstände, unter die behaarten Elefantenohrenblätter. Der Trompetenbaum gehört uns nicht, obwohl wir immer geglaubt haben, wenn wir mal einen Garten hätten, würden wir natürlich auch eine Catalpa haben. Und warum nun nicht?

Der Trompetenbaum ist nichts für kleine Leute. Er ist ein mächtiger Baum. Er braucht den freien Raum. Er braucht Licht. Er braucht die große Bühne. Er will nicht am Rand stehen, zwischen den Chorknaben, er muß als Solist die Gartenszene beherrschen. Wird die Catalpa von anderen Bäumen bedrängt, wächst sie einseitig oder gar schief. In unserem Kleingärtnerpark hatten wir nach dem Einsetzen von Kirsche und Mirabelle nur noch zwei Solitärplätze zu vergeben. Am Bach hinter dem Bambus soll aber die Japanische Schwarzkiefer ihr bizarres Astwerk entwickeln. Und näher zum Haus, mitten im Rasen, gaben wir einem Zwillingspaar aus China den Vorzug, zwei schlanken, lichten Nadelbäumen, die keine sind, die ihr Laub schon Ende April entwickeln und bis in den November behalten. Davon demnächst, im Herbst, wenn das Chinesische Rotholz, die Metasequoia glyptostroboides, auch das zarte Gezweig rostrot färbt.

Jetzt hat die schöne Catalpa ihren Auftritt. Sie zieht die Blicke auf sich. Wenn sie mal da ist. Sie gleicht einer kapriziösen Frau: Sie läßt auf sich warten. Sie schläft lange. Im Mai, wenn endlich alles grün ist ringsum, wenn alles geblüht hat, steht sie noch grau und kahl. Im Sommer jedoch beherrscht sie das Feld. Wo sie ihren Schatten wirft, wächst kein Gras mehr. Deswegen haben wir die Catalpa bei aller Bewunderung für ihre Attraktivität nicht zum Mittelpunkt des Gartens machen wollen. Deswegen sind wir dem Nachbarn so dankbar, daß er vor zwanzig Jahren einen Trompetenbaum an den Zaun gepflanzt hat.

Nur dankbar sind wir freilich nicht. Im Mai fluchen wir und im Oktober wieder. Denn im späten Frühjahr, wenn alle anderen Zweige sich belauben, nutzen die Amseln die nackten Äste der Catalpa als Donnerbalken. Das bedeutet: allmorgendliche Autowäsche. Im Herbst sind es nicht so sehr die großen, herzförmigen Blätter, die lästig werden, die nach der ersten kalten Nacht auch wieder vor allen anderen fallen, sondern die bohnenartigen Fruchtschoten. Die bleistiftstarken und fast dreißig Zentimeter langen Samenhülsen hängen wie Buschbohnen in lockeren Büscheln fast ein Jahr lang im Baum. Und daher der Name. Catalpa heißt die Indianerbohne bei den Cherokesen. Die Catalpa ist also Amerikanerin. Aus den Südstaaten gebürtig. Aus den Baumwollgebieten Alabamas und Georgias. Auf den besten Baumwollböden fühlt sie sich am wohlsten. Dort wird sie leicht zwanzig Meter hoch, in unseren europäischen Verhältnissen bleibt sie meist auf halber Höhe stehen.

Die Rede war bis hierher vom Gemeinen Trompetenbaum, von der Catalpa bignonioides. Sie hat eine größere Schwester, die Mississippi-Catalpa, Catalpa speciosa, die Pracht-Catalpa. Die wird sechsunddreißig Meter hoch in den Tälern des Mittelwestens. Und sie hat eine, natürlich zierlichere, chinesische Verwandte: Catalpa ovata. Zu deutsch Gelber Trompetenbaum, weil die Blüten, die erst im Hochsommer erscheinen, einen deutlichen Stich ins Gelbe haben. »Das Kosmosbuch der Bäume« von Roger Phillips (Franckh'sche Verlagshandlung, Stuttgart) zeigt und erklärt alle Besonderheiten in der Trompetenbaum-Familie, den chinesisch-amerikanischen Bastard Purpurea eingeschlossen.

Blätter wie Elefantenohren und weiße Blüten mit purpurnen Tupfen: Der Trompetenbaum, die schöne Catalpa, wird erst im Sommer wach

Wer Platz hat für mehrere Bäume, wer sich einen Harem leisten kann, soll auf die Catalpa nicht verzichten. Sie ist eine üppige Schöne. Sie wird in Mitteleuropa zwar nur sieben bis zwölf Meter hoch, jedoch fast ebenso breit. Und sie ist eine wackere Person: unempfindlich gegen die schmutzige Stadtluft, unempfindlich gegen jeglichen Schädling, unempfindlich gegen Kalk, gegen Nässe, gegen Trockenheit. Freilich steht sie in nahrhafter Erde gesünder da, sie kommt aber mit jedem Boden zurecht, wenn er nicht gar zu arm, gar zu naß oder gar zu trocken ist. Nur dort, wo früher Windmühlen standen, fühlt sie sich nicht wohl. Wind schadet der Frisur. Steten Wind vertragen die großen Blätter nicht. Aber sonst ist der Trompetenbaum so problemlos, daß ihn mancher Gartenarchitekt gar nicht ins Kalkül zieht: Eine Catalpa kann ja jeder haben. Nein, dem ist nicht so. Die Catalpa ist kein Allerweltsbaum.

Sie bleibt die schöne Fremde, die viele gar nicht kennen. Wenn sie blüht, sieht es von ferne aus, als habe eine Kastanie ihre Zeit verpaßt. Aus der Nähe ist sie der Paulownia nicht unähnlich. Aber die blüht früher, bevor das Laub da ist, und heißt zu Recht Blauglokkenbaum. Beide, die breithüftige Catalpa und die blaublütige Paulownia, verbindet eine gewisse Scheu vor harten Wintern. Sehr preußisch sind sie nicht. Die eine mag den Mai, die andere die langen Juniabende. Wie wir.

Die besten Erdbeeren wachsen im Wald

Wenn Shakespeare schon in der vierten Szene des Dramas um »Richard III.« das Publikum quält, indem er den Leuten in der trockenen Theaterluft den Mund wässert (Gloucester zum Bischof: »Mylord von Ely, jüngst war ich in Holborn / Und sah in eurem Garten schöne Erdbeeren: / Laßt etliche mir holen, bitt' ich euch!«), so ist da die gleiche unvergleichliche Kostbarkeit gemeint, die auch im altdeutschen Märchen mitten im Winter unter dem Schnee hervorgekehrt wird: Fragaria vesca, die winzige, würzige Walderdbeere. Diese kleinen Dinger sind heute noch das Größte, das Beste – trotz allem, was die Züchter entwickelt und herausgemästet haben, seit im Jahr 1776 oder etwas später die chilenische mit einer nordamerikanischen Art zur luxuriösen großen Gartenerdbeere, Fragaria ananassa, gekreuzt worden war.

Der böse Gloucester aß die wilden, süßen Waldbeeren aus dem Garten des Bischofs wahrscheinlich pur. Wenn wir bei einer Gasterei Erdbeeren auftischen, selten aus dem Wald, oft auch nicht aus dem eigenen Garten, haben wir uns zuvor mit der Frage gequält: Wie sollen sie diesmal angerichtet sein?

Am Tisch gibt es nur eine Gewißheit: Die Erdbeeren kommen nach dem Spargel. Eine Geschichte zum Spargel zuvor. Der Abbé Du Bos hat den Schriftsteller Fontenelle zu Gast. Die Herren können sich nicht einig werden, wie die Spargelmahlzeit zubereitet werden soll. Du Bos will die Stangen in heißer Butter servieren lassen, Fontenelle möchte sie in Essig und Öl. Schließlich ergeht Order an die Küche, den Spargel zur Hälfte in Butter und zur Hälfte mit Essig auf die Teller zu bringen. Doch Herrn Fontenelle, vom Streit mit dem unbelehrbaren Gastgeber erschöpft, rührt der Schlag. Der Abbé, bevor er sich seiner Christenpflicht erinnert, läuft schnell hinab in die Küche und ruft: »Macht nun alle in Butter an!« So berichtet Carl Julius Weber, der fränkische Feuilletonist und Spötter, nach einer Frankreichreise. Derlei Unfälle sollten unter Erdbeeressern schon deshalb nicht passieren, weil es zu viele Rezepte gibt, die uns zur Devise Zuflucht nehmen lassen: Abwechslung erhöht die Lust.

Es gibt schreckliche Erdbeerrezepte mit vielen Eiern, mit Zucker und Gelatine. Es gibt himmlische Erdbeerrezepte, auch mit Eigelb, Zucker, Gelatine. Erdbeercharlotten und Erdbeerbagatellen. Erdbeerparfait und Erdbeersorbet. Es gibt das Rhabarber-Kompott, an das verfälschend Erdbeeren verschwendet werden, es gibt aber auch Witzigmanns Erdbeeren auf Rhabarberschaum oder Johann Lafers Erdbeeren in Orangenbuttersauce mit Ingwersabayon. Wer als Abonnent der Vierteljahreszeitschrift »Gourmet« die eigene Küche und den Gaumen solcherart erprobt hat, ist für einen ernsthaften Streit nicht mehr zu haben, ob etwa Erdbeeren mit halbsteifer Sahne den Erdbeeren mit Erdbeersauce vorzuziehen seien.

Zuvor bücken wir uns ins Erdbeerbeet über die schwarze Folie oder die weiße Holzwolle. Oder unter die Himbeerhecke, wo Monatserdbeeren den Mulch ersetzen und für Schattengare sorgen. Monatserdbeeren? Das sind Walderdbeeren für den Garten, auf Dauerernte getrimmt; sie blühen und reifen vom Mai bis zum ersten Frost. »Rügen« heißt die gängige Sorte, »Falstaff« ist dicker, die französische »Reine des Vallées« besonders aromatisch. Auch der »Baron von Solemacher« gehört in diese kleine, feine Familie der Waldbeerenabkömmlinge. »Mieze Schindler« hingegen, »Madame Moutot« und »Macherauchs Marieva« sind mehr oder minder betagte, aber anbetungswürdige Delikatessen von der dicken Ananas-Art. Aller Mühen wert sind aber auch die junge »Elvira« und der »Direktor Paul Wallbaum«, zum Beispiel. Woher die Kenntnis? Aus »Kreuzers Gartenpflanzen-Lexikon«, Band 3. Da sind neununddreißig Erdbeersorten beschrieben: Herkunft, Wuchs, Frucht, Reife, Wert, Krankheiten; die meisten werden auch im Bild vorgestellt und manche schonungslos verurteilt, zum Beispiel »Red Gauntlet«: säuerlich mit wenig Aroma. Oder »Senga Sengana«: beim Geschmackstest von acht Sorten auf Platz sieben. »Die Erd-

beere«, schreibt Kreuzer in seinen Vorbemerkungen, »stellt hohe Ansprüche«, nämlich an Boden, Klima und Pflege. An die Pflege vor allem. Wer sich nicht schrecken lassen will, findet die nötige Wissenschaft in Hermann Links und Winfried Titzes »Der Nutzgarten« (Verlag Eugen Ulmer) oder in dem Taschenbuch von Paul Gerhard Wilhelm »Obst im Garten« (auch bei Ulmer). Daß man das Erdbeerbeet dann nach zwei, drei, spätestens vier Jahren wieder räumen und anstelle der erschöpften Pflanzen neue setzen muß, ist lästig und doch von Vorteil: Man kann eine andere Liebhabersorte probieren. Die eigene Erfahrung, aus dem Gemüsebeet gewonnen oder aus dem Topf auf dem Balkon, schärft das Urteil gegenüber dem zu neun Zehnteln nichtswürdigen Angebot im Supermarkt und in der Markthalle, leider auch bei Tante Emma, die vom selben Großhandel beliefert wird. Die Erdbeeren werden, obgleich die transportfesten Züchtungen die Oberhand gewinnen, immer unreifer verkauft. Wer zum Selberpflücken in die Erdbeerplantagen ausrückt, kann sich bei den auch dort bevorzugten festfleischigen und meist geschmacklosen Beeren immerhin auf reife Früchte beschränken.

Denn zumindest rundum rot und reif sollen die Beeren sein für unsern ganz einfachen Nachtisch: Ein Pfund Erdbeeren, die größeren Früchte halbiert, mit zwei Eßlöffeln Zucker bestreuen, ziehen lassen. Nochmal ein halbes Pfund Beeren zerdrücken, mit vier Eßlöffeln Sahne, einem halben Eßlöffel Zucker, zwei Eßlöffeln Kirschwasser und einem Schuß Vanille-Extrakt mischen. Diese Sauce über die Erdbeeren gießen. Kühl servieren. Das ist der Sommeranfang. Jetzt braucht nur noch die Drossel zu singen – oder Mörike seine »Versuchung« mit Walderdbeeren: »Wenn sie in silberner Schale mit Wein uns würzet die Erdbeeren, / Dicht mit Zucker noch erst streuet die Kinder des Walds: / O wie schmacht ich hinauf zu den duftigen Lippen, wie dürstet / Nach des gebogenen Arms schimmernder Weiße mein Mund!«

S. 72/73: Erdbeeren erst erröten lassen, dann pflücken.

Die Seele des Gartens ist der Kompost

Mit dem Kompostieren verhält es sich ähnlich wie mit dem Kochen. Gewöhnlich bleibt es an den Frauen hängen. Bindet sich der Mann die Schürze um, so will er nicht die Verantwortung am Herd übernehmen, sondern spaßeshalber der Pfanne etwas Besonderes entlocken. Der Mann in der Küche ist heiter. Er liefert ein Kunststückchen ab.

Mit dem Kompostieren verhält es sich doch anders. Nimmt der Mann die Grabgabel zur Hand, so will er den Gärtner nicht nur spielen, sondern die Verantwortung für den Humus übernehmen. Der Mann am Kompost ist ernst. Kompostieren ist nicht bloß eine Kunst, die dem aufs Praktische gerichteten Sinn des Weibes überlassen bleiben könnte, Kompostieren ist eine Wissenschaft. Und darum Glaubenssache. Der Kompost hat seine Apostel und Missionare; und ein wachsendes Heer von Gläubigen, zu welchen sich der Schreiber zähneknirschend zählen muß. Darum spöttelt er jetzt nicht mehr, sondern fängt noch mal von vorne an.

Manche haben ein Trimmgerät im Keller, manche setzen sich ins Auto und fahren in den Wald, andere rennen im Trainingsanzug ums Viertel, andere bleiben im Haus und bedienen das Fernsehgerät. Der Glückliche hat einen Kompostplatz im Garten. Denn der Kompost will bewegt werden. Nein, um Gottes willen, er wird nicht an jedem Wochenende umgesetzt. Aber er verlangt nach Aufmerksamkeit, er bedarf der Pflege. Er wird angerichtet, durchgemischt, aufgeschichtet, feucht gehalten, vor der Sonne geschützt und vor zuviel Regen, mit Kalk oder Basaltmehl gepudert, mit Lehm versetzt, mit Hornmehl verbessert, gelüftet, geklopft und abgedeckt. Am Kompostplatz gibt es immer was zu tun. Der Kompost ist nicht ein Abfallhaufen, er ist die Seele des Gartens. Was ein Garten wert ist, läßt sich an Blüten und Blättern ablesen, am schnellsten sieht man es am Kompost. Zeige mir deinen Kompostplatz, und ich weiß

Bescheid. Wird er deshalb oft im hintersten Winkel versteckt? Oder weil er stinkt? Kompost stinkt nie, solange nicht grobe Fehler gemacht werden. Wenn es nach Fäulnis riecht, war der Gärtner faul. Nichts auf der Welt duftet besser, behaupten manche, als reifender Kompost.

Ängstliche, die sich nicht blamieren wollen, legen erst gar keinen Kompostplatz an. Das ist der größte Fehler. Sie meinen auch noch, daß sie sich etwas ersparen. Aber sie verlieren. Nicht nur Geld an die Düngemittelhersteller. Was sie sich und ihrem Garten entgehen lassen, wenn sie Laub und Rasenschnitt, Unkraut, Geäst, Gemüsestrünke und Bananenschalen in die Mülltonne stopfen, füllt dicke Bücher. Fast vierhundert Seiten sind es bei Fritz Caspari: Fruchtbarer Garten; Wirtschaftsverlag Klug. Hundertfünfzig Seiten bei Eberhard Spohn: Selber kompostieren für Garten und Feld; Schnitzler-Verlag. Zweihundert Seiten bei Alwin Seifert: Gärtnern, Ackern ohne Gift; Biederstein-Verlag. Den Seifert muß man gelesen haben; er ist der Pionier, wenn auch erst in den Fußtapfen der Anthroposophen. Vor allem ist er ein hinreißender Erzähler, und seine Begeisterung steckt an. Das Wichtigste in Kürze bringt das Ullstein-Taschenbuch von Christian Seiffert und Alwin Keller: Düngefibel für den Garten. Der Titel klingt nicht verheißungsvoll, doch der Laie begreift hier (weil die Biochemie sogar noch in den Tabellen spannend gemacht wurde), was da passiert in den manchmal wie toten, manchmal so heißen Haufen. Und warum die Zugabe von Lehm unerläßlich ist: für den eigentlichen Erfolg, für den Dauerhumus, den Nährstoffhalter.

Hat einer in diese Bücher hineingeschmeckt, muß er sich vielleicht ein Gartengerät kaufen, das er noch nicht kannte, den Krail zum Beispiel, und ein Säckchen Steinmehl oder Kalimagnesia; aber er kann nun auf das meiste aus den Regalen der Grünen Märkte verzichten, jedenfalls auf die chemischen Kampfmittel. Kompost stärkt, befriedet und entseucht. Wo er zum Zug kommt, kann die Giftspritze eingemottet werden. Davon ein andermal, denn das ist schon wieder ein neues Kapitel: Die wunderbare Wirkung der Kom-

Laub verrottet langsam. Dennoch ist es gut für den Kompost, der sogar die zerknüllte Zeitung schluckt

posterde. Zuerst will sie hergestellt sein. Ganz Schlaue ziehen sich aus der Affäre, indem sie sich einen Schnellkomposter, einen Humusbereiter, einen Gär-Silo aus Beton oder Eisen ins Gebüsch stellen. Sie bringen sich aber um das Schönste: um die Arbeit und um die Übung in Geduld. Außerdem erfahren sie nie, wie man Regenwürmer glücklich macht, die Gastarbeiter im Kompost. Mit Zwiebelresten zum Beispiel. Wo solch ein Kompost-Ofen steht, ist der ebenso teure elektrische Häcksler nicht weit, der die gröberen Abfälle kreischend zerkleinert. Gewiß, da wird fürs Geld auch Zeit gespart, ganze Äste verschwinden wie nichts, der Verrottungsprozeß, der sonst Monate dauert, wird auf wenige Wochen verkürzt.

Unsereins aber will Zeit gewinnen: Zeit zum Denken, Dösen, Träumen. Da sind die ruhigen Stunden im Winter, wenn Gezweig kleinzumachen ist zu fingerkurzen Stücken; was unter der Hand mühelos bricht, wird dem Garten gleich zurückgegeben, stärkeres

Holz wird beiseite gelegt für den Kamin und kommt erst übers Jahr als kostbare Asche wieder. Da sind die schattigen Nachmittage in der warmen Jahreszeit, wenn es ans Umsetzen geht, wenn das Innere des Haufens nach außen, das Äußere nach innen und viel Luft dazwischengebracht wird, wenn die schon reifen Krümel dunkelbraun auseinanderfallen und wie Walderde duften – und waren vor einem halben Jahr noch Gras und Bohnenstroh, Weihnachtsbaum und Pferdeapfel, Zigarrenstummel und Kartoffelschale.

Zu Erde sollst du werden! Am Humus mag, wer will, auch sein Memento mori haben. Der Unwillige erkennt immerhin den Kreislauf der Natur im Zeitraffer: Aus der Küche auf den Kompost, aufs Gemüsebeet, in die Küche. Und sieht: Ernsthaftes Kompostieren hat mit fröhlichem Kochen zu tun.

Wie die Kapuzinerkresse schmeckt

Der Franzose Grandville ist in Deutschland eher als der Lehrmeister Daumiers bekannt, als politischer Karikaturist und bissiger Gesellschaftskritiker. Im letzten seiner illustrativen Werke, in den »Fleurs animées«, hat er zwei Blüten der Kapuzinerkresse als gottergebene Novizinnen gezeichnet. Der Menschenkenner und Blumenfreund Eugen Skasa-Weiß beschrieb sie so: »Sie knien mit hochgeschlagenen Orangekapuzen am Feldweg nieder und lassen den Rosenkranz ihrer gerillten Samenkörner durch die Finger gleiten. Ihre mädchenhaften Gesichter haben die Lieblichkeit durchgebrannter Pariserinnen. Die eine, die etwas finsterer und hübscher ist, könnte das Traumbild der portugiesischen Nonne Marianne Alcovorado sein, deren verzweifelte Liebesbriefe an den Marquis de Chamilly Rilke übersetzt hat... Es ist wirklich nicht unwahrscheinlich, daß die Klosterfenster von Beja, durch die Marianne den französischen Obristen zum erstenmal erblickte, von scharlachgeränderten Goldkapuzen umrankt waren.«

Denn jene Briefe der Liebe wurden in den sechziger Jahren des siebzehnten Jahrhunderts geschrieben, und die erste Kapuzinerkresse war schon neunzig Jahre zuvor mit dem Inka-Gold aus Südamerika nach Europa gebracht worden. Es war die Kleine Kapuzinerkresse, Tropaeolum minus, und ihre peruanische Wildform verhielt sich zur Großen Kapuzinerkresse, zum hochgezüchteten Tropaeolum majus unserer Tage, wie eine spanische Fregatte zum Supertanker: Die Blüten waren nicht größer als der Fingerhut, den die verliebte Nonne beim Paramentensticken benutzte. Aber die kleinen Wilden hatten doch die gleiche ungewöhnliche Blütengestalt mit fünf leuchtenden Kronblättern, von denen die drei unteren den Tagfaltern, Bienen und Hummeln als Anflugplatte dienen vor der weit offenen Einfahrt in den hinten hinaus spitz zulaufenden Honigsporn.

Als die Blume nach Deutschland kam, war hier gerade ein Bettel-

Würzige Blätter, saftige Blüten: Die Kapuzinerkresse ist die eßbare Dekoration für den Vorspeisenteller

orden populär geworden, Sandalen an den bloßen Füßen, volksnah im Auftreten, volksnah in der Predigt. Diese Kapuziner waren von weitem an ihren spitz zulaufenden Kapuzen zu erkennen, die an der weiten Kutte angenäht waren. Kapuze, Kapuziner, Kapuzinerkresse. Der botanische Name Tropaeolum hingegen bezieht sich nicht allein auf die Form der Blüte.

Dem Schweden Linné war das Kapuzinische fremd, ihm schien die Blüte wie ein Helm. Auf den Namen kam der klassisch gebildete Mann, weil die Gärtner seiner Zeit die Große Kapuzinerkresse an Stangen zogen, die dann aussahen wie farbige Säulen, wie das Tropaeum, das die römischen Legionäre als Siegeszeichen auf dem Schlachtfeld mit den Waffen der Feinde schmückten; die Blätter sind die Schilde, die Blüten blutbefleckte goldene Helme. Darum Tropaeolum.

In den heimatlichen Andentälern finden sich die heute bekannten achtzig Arten der Kapuzinerkresse oft in feuchten Schluchten oder am Ufer der Gebirgsbäche. Ihre europäischen Nachfahren bevorzugen volle Sonne und eher trockene, sandige Böden, die arm an Nährstoffen sein sollen; die Gartenbücher warnen: zu viel Dünger läßt die Blätter auf Kosten der Blüten wuchern. Wäre es ein großes Unglück? Diese Blätter sind ja nicht nur schön, sie sind eine Rarität. Zuerst entfalten sie sich feigenblattartig, später entwickeln sie sich zu jenem fast runden, schwach vieleckigen Schild, das Linné an die Römer denken ließ. Ein Blatt, wie es selten ist in der Pflanzenwelt.

Die Kapuzinerkresse, obgleich erst vierhundert Jahre im Land, ist ein altmodisches Gewächs. Im Konversationslexikon von 1894 wird sie als einjährige Kletterpflanze beschrieben, die »in allen Gärten zu finden« sei. Heute kann man einen langen Spaziergang machen, an vielen Gartenzäunen entlang, und wird vergebens Ausschau halten. Allerdings entdecken gerade die Köche die köstliche Pflanze wieder. Denn sie ist eßbar und obendrein heilkräftig. Früher wurden die Blütenknospen in Essig gelegt, als Kapernersatz. Die jungen Blätter, die Blüten und Triebspitzen ergeben einen saf-

tig-scharfen Salat, der seine eigene Würze hat, vom Sinapin, das beim Kauen als ätherisches Senföl frei wird. Die Kapuzinerkresse ist ein Augenschmaus und eine Leckerei.

Warum hieße sie sonst auch Kresse? Das Wort bedeutet in vielen europäischen Sprachen vom altgriechischen grastis über das englische cress, französische cresson, italienische crestione bis zum schwedischen und dänischen krasse und karse, daß dieser Kreuzblütler als Grünfutter angesehen wurde, nicht bloß für die Raupen des Kohlweißlings, die sich vom Senföl nicht abschrecken, sondern offenbar anlocken lassen und sehr lästig werden können. Kresse: das meint allemal etwas Nahrhaftes, das sich auch der Mensch ohne Bedenken munden lassen darf.

Die Volksmedizin in Peru benutzt die frischen Blätter als Pflaster auf Wunden. Die Arzneimittelhersteller in Europa gebrauchen die blühende Pflanze wegen ihrer antibiotischen Substanzen zur Herstellung galenischer Präparate. Und manche Gärtner schätzen die Kapuzinerkresse als Schädlingsbekämpferin. Ein englischer Botaniker gibt den Ratschlag, die Pflanze in Gewächshäusern und unter Obstbäumen wachsen zu lassen, es lohne die Mühe, denn ihr Ölgeruch vertreibe die Blattläuse. Was wird der Kapuzinerkresse noch nachgesagt? Rousseau schrieb der Freundin Delessert: »Wie ich vernehme, hat Frau von Linné; kürzlich während der Morgendämmerung beobachtet, daß die Farbe der Kronblätter zu fluoreszieren beginnt. Eines scheint mir an der Nachricht glaubhaft: daß die Damen des Nordens früher aufstehen als die Pariserinnen.«

S. 82/83: Runde Schilde, goldene Helme: Warum Linné bei der Kapuzinerkresse an Caesars Legionen dachte

Buchs trennt und vereint

Eine Ehe ist mancher Zerreißprobe ausgesetzt. Da wollte doch die liebe Frau bei Moustiers-St. Marie über den Schluchten des Verdon aus dem Auto springen und sich seitwärts in die Büsche schlagen, von denen sie den einen und anderen und schließlich viele auszugraben gedachte für den Garten daheim. Wie kann der Mann behaupten, dieser provencalische Buchs lasse sich gar nicht aus dem steinigen Grund lösen, solang er es nicht probiert hat? Wie kann er behaupten, diese im Kalk wurzelnden Büsche würden, sofern die Verpflanzung gelänge, im heimischen Lehm doch nicht gedeihen, solang er es nicht probiert hat?

Eine Ehe ist immer wieder den gleichen Gefährdungen ausgesetzt. Da hat sich die liebe Frau von einem Gärtner-Freund zur marschbereiten niedrigen Buchskompanie, die noch in Töpfen auf ihren Einsatz wartet, zwei fast meterhohe grüne Kugeln schenken lassen. Nun können wir, so denkt der Mann, die Gemüsebeete nach Art der Bauerngärten sauber gegen den Rasen abgrenzen, können den Kräutern eine ordentliche Umfriedung schaffen und ein angemessenes Entree, können den Nutzgarten zierlich säumen, der ja das Schicksal der Ehefrau teilt: Man ist zwar durchaus nicht unglücklich, vielleicht sogar stolz, aber an die Rampe gerückt wird der Schatz selten. Der lebenskluge Gärtner sucht die eheliche Geliebte ins rechte Licht zu bringen und das Gemüse so zu umranden, daß es dem Blumengarten an Schönheit nicht nachsteht. Freilich, die nicht minder kluge Gärtnerin hat ihre eigenen Vorstellungen: Der Buchs soll nicht bäuerlich oder klösterlich wirken, und wenn klösterlich, so allenfalls auf japanische Weise. Der Klügere gibt nach. Also die Frau? Der Schwächere gibt nach, also der Mann.

Der Buchsbaum, buxus sempervirens, scheint auch männlich. Der lateinische Name des Japan-Buchses, Buxus microphylla, macht aber klar: fünfte Deklination, weiblich. Stark. Widerstandsfähig. Jedoch formbar. Man kann fast alles mit ihm machen oder mit ihr, niedrige Einfassungen und hohe Hecken, flächige Ornamente in den Blumenparterres und voluminöse grüne Plastiken. Buchs verträgt auch alles: volle Sonne, tiefen Schatten, sogar Trokkenheit – und die Schere. Er braucht nur ein bißchen Humus für den Anfang und dann Geduld. Viel Geduld. Wer keine Zeit hat, wer nicht warten kann, hat auch keinen Buchs. Denn Buchs wächst langsam. »Suffruticosa«, die Sorte für die Einfassungen, ist nach fünfundzwanzig Jahren vielleicht meterhoch, »Arborescens« kann in hundertzwanzig Jahren immerhin sechs Meter erreichen, falls er als Baum gezogen und nicht zu oft beschnitten wurde.

Die Liebe zum Buchs ist meist eine Liebe zur Geometrie. Die Früchte dieser Liebe sind breite Kugeln und spitze Kegel, Pyramiden und Säulen, Mauern und Tore. Manchmal wuchern sie ins Bizarre und Phantastische zu Schneckenkontur und Vogelsilhouette. Manchmal führt die Liebe zum Buchs sogar zu Garten-Labyrinthen und Irrgärten. Denn die Liebe hat ein labyrinthisches Wesen. Unversehens verliert sich einer im Irrhain vergeblicher Leiden. Wie finde ich wieder hinaus? Der brutale Gärtner nimmt die Astschere und schneidet sich frei. Der glückliche Gärtner hängt am Ariadnefaden, mit dem ihn sein Mädchen zu sich zurückspult. Denn er hat sich keinen Irrgarten angelegt, wie es im Barock Mode war, voller Kreuzwege und Sackgassen, er entschied sich zum Labyrinth, das nicht in die Irre führt, sondern zwangsläufig ins Zentrum, ins Ziel, wenn auch auf scheinbar wirren Umwegen. Der Münchner Museumsdirektor Hermann Kern hat ein wegweisendes Kompendium über »Labyrinthe« (Prestel) zusammengetragen. Der Kernsatz seiner Forschungen: »Im Labyrinth verliert man sich nicht, im Labyrinth findet man sich.« Und dann müsse, wer wieder hinaus will, nur klaren Kopf behalten, umkehren und den Eingangsweg zum Ausgangsweg machen.

Das ist leicht gesagt. Die Verwirrspiele der Liebe sind Spiele der Ungeduld. Deshalb werden sie selten vom bedächtigen Buchs ummauert, bei genauem Hinsehen ist es der schnelle Liguster oder die Eibe oder gar eine im Winter lichte Buchenhecke.

Buchs faßt Bauerngärten ein, Buchs sitzt im herrschaftlichen Park. Buchs läßt sich von ernsten Leuten stutzen, aber auch von Spaßvögeln. Wer keine Lust am Scheren hat, hat auch keinen Buchs

Doch wenn die Theoretiker der Liebe ihre Zeichen auslegen, bleiben sie dem dauerhaften Buchs treu. Im Schloßgarten von Villandry an der Loire, wo nicht nur die prächtigen Gemüsebeete Staunen erregen, wo die Gärtner im März und nochmal im September je fünfzig Kilometer Buchseinfassung zu trimmen haben, in Villandry sind unter der Aussichts-Terrasse hinter dem Renaissance-Bau vier Charaktere der Liebe aus Buchs gebildet: Flammen symbolisieren die zärtliche, Schwerter und Dolche die tragische, gebrochene Herzen die leidenschaftliche und Schmetterlingsflügel die flüchtige Liebe. Vom Schmetterling wird der Buchs nicht besucht, wenn er im Frühjahr blüht. Aber von Bienen. Bevor man überhaupt sieht, daß der Buchs seine winzigen gelbgrünen Blüten öffnet, hört man es am Summen, berichtet Jürgen Dahl (»Nachrichten aus dem Garten«, Klett-Cotta). Unser Buchs hat noch nicht geblüht. Oder wir haben es nicht gehört. Und nicht gerochen. Der Duft sei honigartig, genauer: »zart lilienhaft mit bitteraromatischem Beigeschmack«. Ja, das Bittere, das wohnt dem Buchsbaum inne. Wo viel Buchs in der Landschaft steht, so klagt Theophrast, ein Schriftsteller des klassischen Altertums, werde der Honig verdorben.

Im Städelschen Kunstinstitut zu Frankfurt hängt das Bildnis eines Mädchens wie von Botticelli, gemalt von Bartolomeo da Venezia. Was nötigt uns zum Hinschauen? Die halb entblößte Brust, die ernsten braunen Augen, das klirrend gelockte Goldhaar? Das Mädchen trägt einen lockeren Kranz von Buxus sempervirens um das zarte Haupt. Vielleicht, weil der Buchs in der Renaissance als Mittel gegen Kahlköpfigkeit galt.

Buchs schmückt und schützt. Buchs umfriedet die Rosen und hält das Gemüse zusammen. Buchs zwingt zur Geduld. Buchs dient der Ordnungsliebe und beflügelt die Phantasie. Amors Pfeile sind aus Buchsbaumholz geschnitzt.

Die trügerische Hortensie

Rittersporn, Löwenmaul, Königskerze – das sind männliche Namen für mannhafte Blumen. Rosen und Maßliebchen, Margareten und Dahlien werden mit guten Gründen der weiblichen Sphäre zugerechnet. Als das Inbild des Femininen steht die Hortensie da. Sie läßt schon in der Jugend, kaum ist sie übers Stecklingsalter hinaus, einen Hang zur großen Toilette erkennen. Im Blumentopf, noch wacklig auf den Beinen, spielt sie die Grande Dame, legt Rouge auf runde Wangen, blaue Schatten um die Augen.

Die Hortensie ist wandelbar wie eine Frau in ihren besten Tagen: Heute gibt sie sich ganz anders als gestern, und morgen trägt sie wieder ein neues Gesicht. Erst erscheinen ihre Blüten in unschuldigem Weiß, dann färben sich die Dolden zartrosa, schließlich verabschieden sie sich in blassem Grün. Oder auch in umgekehrter Folge: Erst grün das Kind, dann rosa das Mächen, vielleicht auch blau, am Ende wird die Dame weiß. Die Hortensie ist ein falsches Luder. Sie lockt ihre Bestäuber mit großen, doch unfruchtbaren Kronblättern. Die richtigen Blüten, die tauglichen Geschlechtsorgane, sind versteckt oder gar nicht vorhanden. Täuschung ist das Wesen der Hortensie.

Dazu gibt es eine Geschichte zu erzählen. Am 5. Dezember 1766 verließ der französische Fregattenkapitän Louis Antoine de Bougainville den Hafen von Brest zu einer zweijährigen Forschungsreise in die Südsee. An Bord befand sich der geachtete Botaniker Philibert Commerson, begleitet von einem sehr jungen Assistenten, einem bartlosen Jüngling namens Jean Barré. Aus Brasilien brachte die Expedition ihrem Auftraggeber, dem König Ludwig XV., die Bougainvillea mit. Zweihundertvierzig exotische Pflanzen hat Commerson während dieser »Voyage autour du monde« entdeckt, bestimmt, benannt, er hat Blüten und Blätter gepreßt. Samen gesammelt. Auf Haiti aber kam es zu einem Zwischenfall jenseits der Botanik. Ein scharfäugiger Häuptling versuchte, Com-

Im Sommer, wenn es im Garten ruhig geworden ist, stellt die Hortensie ihre echten und ihre falschen Blüten zur Schau

mersons Assistenten zu entführen. Warum, wurde im Handgemenge offenbar, als die Kleidung des Opfers in Unordnung geriet. Zur Verwunderung des Gelehrten stellte sich heraus, daß Jean, sein Gehilfe, in Wahrheit und zu Recht auf den Vornamen Hortense hörte. Die Legende erzählt, Commerson habe daraufhin einem fernöstlichen Strauch, dessen blühender Selbstdarstellung nicht zu trauen war, den Namen Hortensia gegeben. Andererseits habe er aus Beschämung darüber, daß er männliche von weiblichen Blüten zu unterscheiden vermochte, fruchtbare von unfruchtbaren, nicht aber das Geschlecht seiner Begleiterin erkannte, den heimatlichen Boden Frankreichs nicht mehr betreten wollen. Er sei, von seiner Hortense umsorgt, auf Mauritius geblieben, wo die beiden selbzweit botanisierten bis an ihr seliges Ende. Eine andere Version sagt, Commersons Hortense sei nach ihrer Entblätterung alsbald nach Paris zurückgekehrt und habe einen Uhrmacher geheiratet. Will man Meyers Konversationslexikon von 1895 glauben, und das muß man wohl, so gab es gar keinen Assistenten, jedenfalls keinen verkleideten, sondern nur Höflichkeitspflichten gegenüber einer Madame Hortense Lapeaute, der mitreisenden Gattin des Kollegen, der für die astronomischen Beobachtungen zuständig war.

Bei der Hortensie haben wir es mit Legenden zu tun, aber auch mit Vorurteilen. Warum steht denn in den Vorgärten neben der Treppe zum Hauseingang der arme Juniperus, die Blaufichte oder der erbarmungswürdig verdrehte Korkenzieherhasel? Warum so selten die füllige Hortensie. Sie gilt als hoffnungslos altmodisch, weil oder obwohl sie das Etikett »Bauernblume« trägt. In manchen Gegenden wird sie »Metzgerblume« genannt, weil sie eine Zeitlang neben dem bleichen Schweinskopf als Schaufensterdekoration diente. Die Menschheit ist eine Hammelherde. Und die gärtnerischen Leithammel sind noch nicht wieder bei der einst allzu beliebten Hortensie angekommen. Welch ein Glück! Wollen wir denn die üppige Schöne bestaunen, wenn sie schon wieder hinter jedem zweiten Zaun sich breitmachen dürfte?

Bleibt die Frage: Warum blüht sie mal blau, dann wieder rosa? Oder rosa und blau zugleich am selben Stock? Das Geheimnis gründet im Boden. Das Rosarote ist ihre Natur. Die blaue Farbe rührt von Aluminiumsalzen, die nur in sauren Böden zur Verfügung stehen. Die Gartenbücher unserer Großeltern empfahlen, der Erde Eisenfeilspäne zuzusetzen und mit Alaunlösung zu gießen. Wir haben es leichter, wir geben ihr, wenn wir die blaue Blume lieben, nur immer wieder eine Handvoll Torf. Und gießen mit weichem Wasser. Und lassen die Sonne scheinen. Besonders dann, wenn die Hortensie im Halbschatten steht, wo sie sich zwar auch entfaltet, aber nur in jenen Sommern so recht aus dem Mieder platzt, in denen ihr das Licht nicht zu sehr fehlt.

Das ist die durstige »Gartenhortensie«, Hydrangea macrophylla, Hydrangea heißt so viel wie Wasserschlürferin, macrophylla meint die mächtigen Blüten. Es ist die gleiche Pflanze, die im Mai als Muttertagshortensie im Topf mit zwei oder drei vorgetriebenen Blütenbällen zu Hunderttausenden in den Blumengeschäften über

den Ladentisch geht, nach einigen Wochen, weil zu warm und zu trocken gehalten, den Weg alles Irdischen nimmt und nur selten hinaus in einen Garten findet. Sonst hätten wir ja längst überall Hortensienwälder. Sonst sähe es ja überall aus wie in San Francisco an der Lombard Street, deren abschüssige, geschlängelte Fahrbahn von Hortensiendickichten umwuchert wird.

Es gibt noch zweiundzwanzig andere Arten. Die länglichen Rispen der Hydrangea paniculata Grandiflora sehen aus wie weißer Flieder, der den Frühling verpaßt hat und darob ein bißchen errötet. Die Kletterhortensie, Hydrangea petiolaris, hat ebenfalls weiße, aber tellerflache Blütenstände; sie wächst zu einem zwei Meter hohen Busch heran, sofern ihr nicht ein Zaum oder eine Mauer zur Verfügung steht, wo sie mit kleinen Haftwurzeln wie Efeu sieben Meter aufwärts klimmt. In den »Gartengehölzen« von Andreas Bärtels (Ulmer-Verlag) wird ein gutes halbes Dutzend Hortensien samt ihren Varietäten vorgestellt, die alle in unseren Breiten gedeihen, manche freilich nur mit Winterschutz.

Die wahre Hortensie bleibt jedoch die frostharte macrophylla, die Verwandlungskünstlerin. Bei allem Vorbehalt gegenüber ihrer etwas steifen Pracht verdient die schöne Metzgerblume unsere Achtung, ja Bewunderung. Ihr trügerisches Farbenspiel trägt das Licht der Erkenntnis in manchen puritanisch dunklen Männergarten.

S. 92/93: Die meisten Hortensien mögen sich nicht recht entscheiden zwischen Rosa und Blau. Sorten wie »Preciosa« oder »Harry's Red« sind leuchtendrot und fallen beim Verblühen in einen dunklen Burgunderton. Durstig sind sie alle

Die Lust am Springkraut

Manche Unkräuter sind nichts als eine Strafe des Himmels. Winden und Quecken und Disteln vor allem. Die Brennessel ist noch unangenehmer, doch wird sie in verborgenen Winkeln geduldet, weil sie vielen Schmetterlingen lebensnotwendig ist. Daß der Gärtner den Schmetterling liebt, dieses gauklerische Geschöpf, das gerade noch eine gefräßige Raupe war und bald neue Raupen zeugen wird, gehört zu den Ungereimtheiten der menschlichen Natur und zur Natur der Liebe. Wir wollen geblendet sein. Der nicht minder schönen Hummel, die keinen Schaden anrichtet, wendet er allenfalls eine distanzierte Aufmerksamkeit zu. Die Hummel hat samtene Hosen an, aber sie brummt so gefährlich. Wer wagt es, sie in der hohlen Hand rumoren zu lassen! Sticht sie denn nicht? Sie sucht nur ärgerlich nach einem Ausgang. Die Hummel ist fleißig. Die Fleißigen wahrzunehmen, fällt schwer. Die Hummel surrt so hurtig von einer Blüte zur nächsten, schlüpft so schnell hinein und kommt im Rückwärtsgang ebenso rasch wieder heraus, daß sich nur mit Mühe erkennen läßt, wer da im Oktober noch den herbstlichen Urwald, das immer noch grünfleischige, blühende Dickicht hinter dem Kompost am Südwall befliegt.

Der besonders dicke Brummer, das ist Bombus terrestris, eine späte Erdhummel, schwarzgelb mit hellem Hinterteil. Die kleineren dunkelbraunen Pollensammler aber heißen Megabombus pascuorum floralis, zu deutsch Ackerhummel. Vielleicht ist noch die eine oder andere Feldhummel dazwischen, wer sähe das so genau im flirrenden Altweibersommerlicht.

Eigentlich gilt unser Interesse, wie das der Hummeln, den Blütenkelchen des Springkrauts, diesen waagerecht aufgehängten Glocken, diesen purpurnen Füllhörnern mit den empfangsbereiten weißen oder zartrosa Flügeltoren, die so ausladend einladen und doch keinem Schmetterling offenstehen. Nein, eigentlich haben wir es auf die Samenschoten des übermannshohen Krauts abgesehen, die ihm den Namen gaben. Während es nämlich in allen Etagen noch blüht, ist an manchen Rispen der Samen schon gereift, die Vermehrungsmechanik schon zum Verschleudern bereit. Eigentlich sind es ja nur die Mädchen, die ein ungeniertes Gefallen an den grünen Würstchen haben, die sie mit zärtlichen Fingern zur Explosion bringen. Ernst Jünger notiert in seinem Kriegstagebuch »Strahlungen« übers heimische, das Echte Springkraut: »Impatiens Noli tangere, das Springkraut, die Balsamine oder Rührmich-nicht-an. Wenn ich mit Frauen in Wäldern spazierte, habe ich stets gefunden, daß sie für die taktilen Reize dieser Pflanze empfänglich sind. ›Oh, ça a bande.‹ In diesen Samenschleudern steckt Turgor und hoher, schußbereiter, elastischer Lebensdruck. Ich sah tropische Arten in den Gewächshäusern, beinah grandeur naturelle. Sie möchte ich in meinem idealen Garten auf jene Rabatten pflanzen, die die heiteren Standbilder des Priap umhegen – sie und noch manch andere scherzhafte Kräutlein dazu.«

Das altdeutsche Waldkraut Rührmichnichtan blüht im Sommer und frühen Herbst mit kräftig gelben Zipfelblüten. Ihm ähnelt das Kleinblütige Springkraut, auch nur halbmeterhoch, auch mit gelben, aber unauffälligen Blütchen: Impatiens parviflora. Impatiens heißt ungeduldig. Der botanische Familienname deutet wiederum auf die bei leiser Berührung mit beinahe schmerzhafter Gewalt hervorschnellenden Samen. Das kleinblütige Ungeduldsgewächs gelangte zu Beginn des vergangenen Jahrhunderts aus Ostsibirien und der Mongolei auf dem Umweg über die botanischen Gärten in unsere Wälder und Felder. Die Wirtschafts-Gärtner ärgert es heute als ein »lästiges und schwer zu bekämpfendes Unkraut«.

Die tropische Art, die Jünger damals in Gewächshäusern gesehen hat, fanden wir vierzig Jahre später ausgewildert in den Tälern der Vogesen. Nun haben wir es als willkommenes Unkraut, als blühenden Paravant rund um den Kompostplatz stehen: Impatiens glandulifera, das Drüsige Springkraut. Es kam erst nach dem Ersten Weltkrieg aus dem Himalaja als exotische Zierpflanze in europäische Gärten und hat sich dank seiner springenden Samenkörner

Unter den Unkräutern gibt es die nur lästigen und die auch lustigen. Das indische Springkraut zeigt noch im Oktober Vermehrungslust am hohen Stiel: Impatiens glandulifera wird zwei Meter hoch

sofort auf Wanderschaft begeben. Das indische Springkraut marschiert vor allem in halbschattigen Straßengräben voran. Denn dieses Mammutkraut mit dem am Fuß fünf Zentimeter dicken Schaft ist durstig. Nur dort, wo es feuchten Grund findet oder während trockener Wochen gewässert wird, schießt es auf zwei bis drei Meter Höhe empor. Und treibt auch im späten Herbst unermüdlich über viele Verästelungen immer neue Blüten, bis der erste Frost der Pracht ein Ende macht. Glasig fällt der gerade noch kraftstrotzende Springkrautwald in sich zusammen.

Findet jedoch nur eine solche indische Balsamine – alle Springkräuter sind Balsaminengewächse – den Weg in den Garten, braucht sie im nächsten Jahr nicht gesät zu werden. Das hat sie dann schon selbst besorgt, obwohl wir geglaubt hatten, allen Samen mit Hilfe großer Beutel beizeiten abgefangen zu haben. Weit im Umkreis sprießen im Frühjahr die zweikeimblättrigen Pflänzchen eins neben dem andern aus dem Boden, auch aus dem Rasen. Dort köpft sie der Rasenmäher und erledigt das Problem. Aber auf offenem Boden müssen sie, auch wenn sie willkommen sind, in stundenlanger Mühe ausgezupft werden: Von einigen hundert Schößlingen dürfen allenfalls zehn je Quadratmeter stehenbleiben.

Wir unterziehen uns der Mühe gern. Wir möchten das indische Springkraut nicht mehr missen. Nicht nur, weil es die neugierigen Finger der Mädchen lockt oder weil es in schon nebligen Zeiten noch einmal ein purpurnes Licht über den verlöschenden Garten wirft und zugleich eine grüne Wand bildet am Zaun. Das Springkraut ist auch ein Duftkraut. Mittags, wenn es warm und windstill ist, hüllt sich der Springkrautwald in eine sanfte, süße Wolke. Und nährt er keinen Schmetterling, so doch die letzten Bienen und Wespen und ein Heer hungriger Oktoberhummeln. Ein schöneres Unkraut gibt es nicht.

Das Chinesische Rotholz

Ganz unten zeigen einige Zweige einen Hauch von Rosa und sogar schwach bräunliche Töne, während die zarten Wipfel im Spätherbst immer noch zu wachsen scheinen; dazwischen neun Meter kräftiges Grün. Aber an einem dunklen Morgen um den zwanzigsten November herum werden wir uns die Augen reiben: Rostrot stehen dann beide Bäume im Nebel. Über Nacht haben sie die Farbe gewechselt. Und wieder acht oder zehn Tage später, nach stürmischem Regen oder frostigem Wind, wird das Herbstkleid plötzlich als fingerdicker Nadelteppich auf dem Rasen liegen. Schräg fällt nun das Winterlicht durchs leere Geäst. Und es wird sichtbar, daß die kerzengeraden Stämme ihre Zweige nicht seitwärts breiten, wie es Nadelbäume tun, sondern daß die Äste wie Armleuchter nach oben streben. Wovon ist eigentlich die Rede? Von unseren Chinesen, der doppelten Meta.

Meta ist ein Name, der aus der Mode gekommen ist, eine Kurzform von Margareta, also die feinere Schwester der Grete. Klopstocks Frau hieß Meta. Meta ist auch das Kürzel für einen Modebaum des zwanzigsten Jahrhunderts, der noch immer keinen allgemein akzeptierten Namen hat, obwohl er schon seit dreißig Jahren in jedem botanischen Garten und in fast allen Parkanlagen steht, in den großen öffentlichen und in den kleinen privaten.

In den fünfziger Jahren, als dieser Baum seinen Siegeslauf um den Erdball begann, hat Franz Boerner vorgeschlagen, einfach das chinesische Wort zu übernehmen: Shuihsa. Wie Gingko. Wie Geisha. Aber Gärtner sind konservativ, treudeutsch oder vernarrt ins Monströse. Nicht alle, gottbewahre. Viele halten jedoch wider besseres Wissen an der unsinnigen Bezeichnung Urweltmammutbaum fest. Andere versuchen es mit der wörtlichen Übersetzung: Wassertanne, was aber auch in die Irre führt. Also: Chinesisches Rotholz. Es klingt gut und ist nicht falsch. Das Kürzel Meta sollte den Baumschulcomputern überlassen bleiben.

Sind es Nadeln, sind es Blätter? Das Chinesische Rotholz ist ein geheimnisvoller Baum aus der Kreidezeit

Dahinter steht der zungenbrechende botanische Name Metasequoia glyptostroboides Hu et Cheng. Denn es handelt sich um eine andere Art von Sequoia, die der Nadelholzgattung Glyptostrobus ähnelt; der Zusatz Hu et Cheng erinnert daran, daß zwei chinesische Professoren besonderen Anteil hatten an der Entdeckung des Baums. Sie sind die Prinzen, die Dornröschen wachgeküßt haben. Diese Geschichte wird gleich erzählt.

Das Merkmal der Metasequoia ist ihre Unauffälligkeit. Jahrzehntelang haben wir sie übersehen. Sie hat etwas Mädchenhaftes, Schüchternes, Durchsichtiges; zumindest in der Jugend. (Im Alter, so wird aus China berichtet, neige sie zur Bizarrerie.) Zugleich hat sie etwas Stürmisches. Sie wächst so schnell, wie eben junge Mädchen wachsen. Als wir uns entschlossen, sie in unserm kleinen Garten zum Hauptbaum zu machen, als Zwillingspaar, hatten wir gerade gelesen: »Jährlicher Zuwachs ein bis zwei Meter, in der Heimat mehr als vierzig Meter hoch. Für Hausgärten ungeeignet.«

Warum dann doch? Ein Foto hat uns verführt. Eigentlich sollte es eine Platane sein, eine Zeder, ein Trompetenbaum oder dergleichen. Doch diese Bäume brauchen Platz, schlucken Licht und stehen nach einigen Jahren allzu mächtig und ernst im Gärtchen. Wer mag nicht lieber das Heitere, Leichte, gleichwohl Hohe? Im Time-Life-Band »Immergrüne Bäume und Sträucher« (der die Chinesin gar nicht enthalten sollte, sie ist nicht immergrün) gibt es die übliche Kurzmonographie und vorn im allgemeinen Teil eine fröhliche Doppelseite: Fünf Hunde, aus Eiben geformt, jagen über den Rasen, gefolgt von einem Reiter, ebenfalls aus Taxus getrimmt; den Mittelgrund beherrscht das lichte Grün einer unbeschnittenen Metasequoia. Wie die schlankweg aus dem Rasen wächst! Es war Liebe auf den ersten Blick.

Daß sie ein Modegeschöpf ist, ein Bestseller dieser zweiten Jahrhunderthälfte, was verschlägt es. Das Chinesische Rotholz hat unsere Breiten schon einmal bewohnt, während der Kreidezeit und noch im Trias. Dann erlitt sie das Schicksal der Saurier, sie starb aus. Zwar kommt sie ohne Schwierigkeiten durch die kältesten Winter, aber über die Eiszeiten kam sie nicht hinweg.

So glaubten die Botaniker. Am Jahresende 1941 stieß ein Mann aus Nanking in einem Seitental des Jangtsekiang auf einen laubabwerfenden Baum, der ihm fremd war, den die Einheimischen shui-hsa nannten. In den folgenden Jahren wurden Expeditionen in die ferne Provinz geschickt, das Rätsel zu lösen. Man fand ganze Wälder, mehrere tausend Bäume, alte und junge, die auch deshalb nicht verschwunden waren, weil es in jenen Hochtälern immer wenig Menschen gab und wenig Äxte. Die Professoren Hu und Cheng erkannten, daß es der gleiche Baum sein mußte, den der Kollege Miki in fossilen Resten bei Ausgrabungen in Japan gefunden und benannt hatte. Herr Hu schickte 1946 Samen des wiederentdeckten Baums an das Arnold-Arboretum in Amerika. Von dort wurde die Metasequoia alsbald in alle Welt verbreitet.

Unsere beiden Bäume sind in fünf Sommern um sieben Meter gewachsen. Sie fühlen sich wohl, weil sie die Pfahlwurzeln in Ackerlehm schicken können, und weil oft mit ihnen gesprochen wird, ihre zarten Zweige lassen sich streicheln. Andere Metasequoien in der Umgebung, doppelt so alt, stehen vergleichsweise kläglich da; denen fehlt es nicht nur an Zuspruch, sondern wahrscheinlich auch am durchwurzelbaren Untergrund und an Feuchte in der Tiefe.

So erstaunlich wie das Wachstum gen Himmel war in diesen fünf Jahren das Fülligwerden am Boden. Ein Wasseranschluß, der zwischen den beiden Bäumen zu liegen kam, ist jetzt nur noch bäuchlings zu erreichen, will man die wichtigsten, die untersten Zweige schonen. Und warum sind die so wichtig? Das Chinesische Rotholz entfaltet seinen Reiz erst dann so recht, wenn der Fuß unsichtbar bleibt, wenn die schlanke Pyramide auf dem Rasen sitzt. Metasequoia, das ist Schönheit im knöchellangen Kleid.

Die Liebe zum Basilikum

Seitdem wir das Basilikum kennen und lieben, seit es uns unentbehrlich wurde, seit ein Tag ohne Basilikum ein grauer, ein freudloser Tag ist, fragen wir uns, denn so lang ist es noch nicht her, daß wir sie in unserm Alltag haben, die zauberische Basilie, dieses duftende, saftige Würzkraut des Südens – seitdem fragen wir uns, wie das Leben zuvor ohne diesen Balsam erträglich sein konnte. Müßig, solche Fragen. Genießen wir die neue Zeit, die uns endlich auf den starken Geschmack gebracht hat, die dem Garten und der Küche neue Horizonte weist, die dem Gärtner allerdings eine schwierige, vielleicht gar nicht lösbare Aufgabe stellt, falls er sich nicht von vornherein damit begnügt, die Basilie nur als Topfpflanze zu betrachten.

Das Basilikum ist empfindlich. Schlägt ihm Kälte entgegen, unfreundliche Nässe oder auch nur ein kühler Wind, so verstockt es, grantelt und kränkelt, es wächst nicht mehr. Als kalt empfindet die Basilie alles, was nicht angenehme Wärme ist, von fünfzehn Grad abwärts; zehn Grad lähmen ihre Lebensgeister, fünf Grad können schon tödlich sein. Die Basilie wünscht Weinbauklima, sie ist kein gehärtetes Gewächs des Gebirges oder der Steppe, sie ist ein weiches Kind der Tropen, aus Indien gebürtig. In warmen Sommern geht es dem Birnkraut gut: So viel Wärme, so viel Sonne! So sollte es immer sein. Birnkraut, Balsam und Basilie, das sind die Kosenamen fürs Basilikum. Manchenorts heißt es auch Josefskräutlein. Oder Krampfkräutlein, Braunsilge, Deutscher Pfeffer. Angemessen ist die alte Bezeichnung Königskraut, denn Ocimum basilicum aus der Familie der Lippenblütler leitet seinen Namen vom griechischen basileus ab, das heißt: König. Ja, ein König, wer das Basilikum pflücken darf.

Wozu diese Schwärmerei? Eigentlich nur der Tomate zuliebe. Das feine basilische Grün will mit dem fleischigen Rot der Tomate vereinigt sein. Die Tomate kommt erst wirklich zu sich selbst, wenn

sie sich mit dem Basilikum mischt. Bevor es soweit ist, schnell ein froher Blick aufs Tomatenbeet. Heuer haben wir auch ein großes Tomatenjahr. Mitte Juli schon hat es angefangen mit den kleinen Kirschtomaten, die gleich im Dutzend an einer Rispe reif werden. Unterdessen sind auch alle Sorten der feisten Fleischtomaten rot und rund.

Wie werden wir all der Tomaten Herr und nicht überdrüssig? Eben mit dem Basilikum. Es wird, zerrupft oder in grobe Streifen gehackt, auf die Tomaten getan, die mit Gurkenscheiben und nicht zu dünn geschnittenem Mozarella den Teller decken. Darüber ein wenig Aceto balsamico, mit viel Olivenöl verquirlt. Das ist die Vorspeise. Zum Kalbskotelett gibt es dann Zucchini-Gratin, das wiederum vom Basilikum lebt.

Die würzige Schärfe des Basilikums unterstreicht nicht nur den Eigengeschmack der Tomate, sie hebt auch die italienische Nudel schöner zur Nase und führt sie köstlich am Gaumen entlang; Pesto alla genovese heißt die Basilikumsauce, für die Marianne Kaltenbach zweihundert Gramm Basilienblätter nimmt, zwei Knoblauchzehen, Pfeffer und Salz, einen Eßlöffel Pinienkerne, drei Eßlöffel Parmesan und ebensoviel sardischen Pecorino, dazu einiges Olivenöl. Wie der Pesto gemacht wird, steht in ihrem Buch »Aus Italiens Küche« (Hallwag). In Italien und besonders an der ligurischen Küste ist das Basilikum zu Hause wie nirgend sonst – in den Gärten und auf den Tellern.

Die Basilie ist die einjährige Verwandte der Pfefferminze. Man sieht es ihr kaum an, vor allem nicht der größeren Sorte, dem Löffelblättrigen Basilikum, das üblicherweise auf den Märkten angeboten wird, aber man kann die geschwisterliche Nähe von Minze und Basilie beim sanft scharfen Aroma schmecken.

Das ideale Sommer-Menu beginnt also rotgrün mit Basilikum

S. 104/105: Das Basilikum ist empfindlich und wird deshalb meist in Töpfen gezogen. Das Basilikum ist das Gewürz für die heitere Küche des Südens, ein Zauberkraut gegen die mitteleuropäische Melancholie und Tomaten, und es endet grünblau mit Feigen in Minzcreme. Dazwischen erhöht die Basilie fast alle Fleischgerichte, so manchen Fisch, auch Gemüse und Salate. Die Salate vor allem. Zum Thema Salat ein Wort des Kritikers Eugen von Vaerst, schon 1851 den deutschen Köchen hinter die Löffel geschrieben: »Mit allem Geiste, den man haben mag, ist man ebensowenig wie mit aller Weisheit allein imstande, einen guten Salat zu bereiten; es gehören hierzu durchaus vier Menschen: ein Verschwender, der das Öl gibt und gießt, ein Geizhals für den Essig, ein Weiser zum Salz und ein Narr zum Wenden und Mengen der vier Elemente.«

Wenden wir uns dem anderen großen Deutschen zu, dem Freiherrn von Rumohr, so dürfen wir uns wundern über strenge Ansichten zum Basilikum: »Vorzüglich das kleinblättrige ist eine sehr starke, nur im kleinsten Maß anwendbare Würze. Man vermenge es mit anderen Kräutern, die es mildern und mäßigen, und verhindere dadurch, daß sein Bisamgeschmack nicht zu sehr überhand nehme.« Fast sind wir froh, daß wir nur Bekanntschaft haben mit der sanften, der großblättrigen Basilie. Von ihr können wir gar nicht genug bekommen. Sie würzt nicht nur die Sommertage, sie machet, so zitiert die Zeitschrift »essen & trinken« ein altes Kräuterbuch, »sie machet alle guten und zarten und feinen Dinge schier unwiderstehlich«, aber nicht allein Steinbutt und Nudeln, auch »die holden Mägdlein und schönen Frauen«. Und sie schützt, so glauben die alten Kräuterdoktoren, nicht nur vor Schlangenbiß und schlechter Laune, sondern macht auch den Basilienfreund verführerisch und begehrenswert. Das ist die wahre Gartenlust, die sich zuerst zur Küche wendet, aber bei Tisch ihr Genügen nicht finden will.

Wenn der Pfennigbaum blüht

Den Pfennigbaum haben wir in Mexiko kennengelernt. Dort steht er in der Halbwüste oder im wüsten Vorgarten oder auch, wie sommers bei uns, im großen Topf zu seiten der Terrasse. Die Urheimat, sagen die botanischen Bücher, seien die südafrikanischen Gebirge am Kap der Guten Hoffnung. Südafrika ist gewiß ein schönes Land. Doch halten wir uns lieber an Mexiko. Wegen seiner Götter. Seiner Töpferei. Seiner heißen Küche.

Das Stärkste, was Mexiko dem Gast zu bieten hat, ist die Margarita im Cocktailglas, ein Aperitif aus zwei Teilen Tequila, einem Teil Orangenlikör und einem Teil Zitronensaft. Gut für starke Sommerabende oder schwache Stunden am winterlichen Kamin. Eine vergleichsweise milde Verführung heißt Guacamole. Sie sollte zur Margarita gelöffelt werden: Eine reife Avocado mit der Gabel zerdrücken, mit Zitrone beträufeln, zwei kleine Knoblauchzehen, einen großen Löffel feingehackter Zwiebeln, einen kleinen Löffel noch feinerer Chilischote und das gewürfelte Fleisch einer Tomate mit Salz, einigem Pfeffer und mehreren Tropfen Tabasco daruntermischen, kurz kaltstellen: grün, sämig, sanft und dennoch scharf. Eine einfache, schnelle Sache, aber als Vorspeise so wirkungsvoll, daß der in der Küche dilettierende Gärtner nicht versäumen sollte, den Hausfrauen etwas vorzumachen. Es ist ein simples Kunststück für Hochstapler, also wie geschaffen für unsereinen. Mit dem Pfennigbaum ist es nicht anders. Man braucht nichts zu können, nichts zu wissen, muß kaum düngen, selten gießen. Man braucht auch keinen Garten. Nur einen tönernen Topf und etwas Geduld. Nach ein paar Jahren steht ein vielstämmiges Gewächs da, breit, fett, sichtlich in sich ruhend, so daß es einem am Ende selber Eindruck macht. Und es blüht auch noch gerade in der Zeit, in der fast alles Lebendige erstirbt.

Der Pfennigbaum ist ein Dickblattgewächs mit sukkulentem Stamm, eine von dreihundert Arten der Crassula, nämlich Crassula

Schön, stark und anspruchslos: Crassula ovata, das Dickblatt, der Pfennigbaum. Wenn er in die Jahre kommt, wenn er sich wohl fühlt, schmückt er sich im Dezember mit weißen Blütensternen

ovata (in älteren Büchern heißt sie portulacea, manchmal auch fälschlich obliqua). In den Bergen des Kaplandes wächst dieser rundum rundliche Baum stark verzweigt zu drei Metern Höhe heran. Der unsere ist noch nicht ganz anderthalb Meter hoch. Er ist allerdings erst elf, zwölf oder dreizehn Jahre alt. Sein Alter ist so genau nicht bestimmbar, weil die junge Pflanze als Geschenk von einem Kollegen ins Haus gebracht wurde, damals gerade eine Handspanne hoch, ein Stämmchen mit Blättern, die mit Hilfe der zehn Finger hätten gezählt werden können.

Diese zwergige Crassula kam aus einer dunklen Stadtwohnung als Ableger einer nicht viel größeren Mutterpflanze. Denn nichts ist leichter als das Vermehren von Pfennigbäumen: Ein abgebrochenes oder abgestoßenes Zweigstück wurzelt auf halbwegs lockere Erde sofort an. Anfangs darf für Feuchtigkeit gesorgt werden; das gibt Tempo, das gibt Zuwachs, das gibt großohrige grüne Blätter. Je älter die Pflanze wird, desto weniger schätzt sie das Wasser. Sie mag trockene Hitze. Regnet es ihr im Sommer zu oft auf den Kopf und in den Topf, gilben die älteren Blätter, schrumpeln und fallen schließlich als silbriges Gebrösel ab. Dasselbe Bild, wenn im Winter aus falscher Fürsorge zu oft gegossen wird. Man kann den Pfennigbaum kaum zuwenig gießen. Er will nur manchmal mit der Wäschespritze eingenebelt werden. Steht er angemessen trockenen Fußes im Topf, röten sich die ovalen Blätter am oberen Rand; das ist ein Zeichen, daß es ihm gut geht. Sichtlich wohl fühlt sich der Pfennigbaum nach warmen Sommern. Dann blüht diese Crassula im Dezember mit kleinen weißen Fünfzacksternen, die sie sich zu Hunderten wie einen Schleier über die stämmige Figur wirft. Die Crassula, das Dickblatt, der Pfennigbaum – dieses Wesen wechselnden Geschlechts zeigt menschliche Züge. Je besser es ihm geht, desto dicker wird der Kerl. Er wird immer gewichtiger. Allmählich wird er untragbar. Nur noch schieben läßt er sich im immer größeren Topf. Solange er durch die Terrassentür ins Freie gezogen und vor der ersten kalten Nacht wieder ins Haus bugsiert werden kann, ist alles gut. Aber im nächsten Jahr wird er sich nicht mehr durch die Türfüllung zwängen lassen. Was dann? Im Sommer will er den wärmsten Platz auf der Terrasse, im Winter den hellsten Ort nah am Fenster. Er mag kühl stehen, doch die Nähe der Heizung stört ihn auch nicht, nur will er dann doch einmal in der Woche gegossen und jeden zweiten Tag besprüht werden. Die Feuchtigkeit aus der Luft tut der Pflanze gut, die in ihrer regenarmen Heimat auch über lange Perioden nur mit nebelartigen Niederschlägen lebt. Und sie hält die Schildläuse ab, die sich in zu trockner Wohnungsluft auch auf dem Pfennigbaum ausbreiten. Sind die unerfreulichen Gäste aber da, tropft es klebrig von Blatt zu Blatt, spritzen wir nicht mit schwerem Gift wie früher, sondern mit Kontralineum, das auch gegen Läuse, Milben und Weiße Fliege an Rosen und Rhododendren hilft.

Ob wir den Pfennigbaum als männliches Wesen schätzen oder als vielarmige Crassula lieben, in jedem Fall sollten wir der Anspruchslosigkeit der Pflanze mit einem bescheidenen Maß an Zuwendung begegnen. Mit der Liebe zu den Pflanzen ist es wie mit der Liebe bei den Menschen: Gerade diejenigen, die den Eindruck erwecken, sie kämen ganz allein zurecht, wollen doch gestreichelt werden, wenigstens mit Blicken, wenn nicht mit Worten. Was Ahnungslose oft den grünen Daumen nennen, den jemand habe, ist in Wahrheit ein aufmerksames Auge. Mit der faulen Floskel »Wie geht es Ihnen?« ist nichts gewonnen. Es muß heißen: »Wie fühlst du dich? Was kann ich für dich tun?« Und, noch wichtiger: »Du gefällst mir. Ich bin stolz auf dich!« Das ist die Sprache, die Pflanzen verstehen.

Tochter des Walds: Schwarze Nieswurz

Die Experimentierstunden im Physikunterricht waren damals zweimal spannend. Erst beobachteten die Schüler begierig, an welcher Tücke des Objekts der Demonstrations-Versuch diesmal scheitern werde. Sodann war der vom Ungeschick geschlagene Lehrer begierig herauszufinden, wer in seine Erklärung des Unerklärlichen hinein aus den oberen Bankreihen das Niespulver geblasen hatte. Auch in dieser Hinsicht war er nicht sehr erfolgreich. Er trug den Spitznamen Igel; wegen seiner Frisur und seiner ebenso stachelköpfigen fünf Kinder. Ob der Pädagoge wenigstens mit denen fertig wurde? Und wie er die wohl zuwege gebracht hatte? Fragen, die das Interesse an Magnetismus und Selbstinduktion durchaus überwogen. Heute wüßten wir gern, ob das etwa pulverisierte Nieswurz war, was der Schreibwarenhändler im graubraunen Tütchen für drei Groschen verkaufte.

Die Schwarze Nieswurz, die jetzt unschuldsvoll im Garten blüht, weiß, mit einem Stich ins Grüne, oder vor Wochen schon geblüht hat oder auch erst im April blühen wird, vielleicht aber gar nicht, weil sie sich mit dem neuen Platz unterm Hartriegel noch nicht abgefunden hat oder weil ihr der vergangene Sommer zu heiß war – sie ist ein seltsames Geschöpf.

Am 29. Oktober 1841 berichtet Mörike dem Freund Hartlaub von der Begegnung mit einer fremden Blume auf dem Friedhof in Neuenstadt. Dem übernächsten Brief, vier Wochen später, legt er ein Gedicht bei: Auf eine Christblume. Es hebt so an: »Tochter des Walds, du Lilienverwandte, / So lang von mir gesuchte, unbekannte«. In sieben Strophen entfaltet sich dann eine sehr Mörikesche Hymne, in der fromm das Reh, der mitternachts tanzende Elf und die benedeite Gottesmutter nebeneinander himmlische Keuschheit beäugen und bezeugen. Doch hat sich der Dichter offenbar bei den Botanikern kundig gemacht. Denn sie ist eine

Kind des Mondes, nicht der Sonne: Die Blüten der Christrose, Helleborus niger, sind weiß. Doch diese dunkelhäutigen Schönheiten kommen aus den Gebirgen des Orients, darum Helleborus orientalis

Waldpflanze, seine Christblume, unsere Christrose, Schneerose, Schwarze Nieswurz, Helleborus niger. Mit ihrem fingerförmig gelappten Laub gehört sie in die Familie der Hahnenfußgewächse. Den Lilien ist sie nicht verwandt, jedenfalls nicht botanisch, nicht in heutigen Büchern. Verwandtschaft besteht aber zu den Seerosen; die wurzeln im Sumpf.

Um die Wurzeln seiner Christblume hat sich Mörike nicht gekümmert. Sie stammen aus Teufels Küche. Er schaute auf die Blüte: »Schön bist du, Kind des Mondes, nicht der Sonne.« Wahrscheinlich hatte er den kleinen Helleborus niger Praecox vor Augen, die frühblühende Sorte, die oft nicht einmal den November abwarten mag. Aber auch Helleborus niger macranthus Altifolius entfaltet sich, groß und eindrucksvoll, noch im alten Jahr. Andere Sorten müssen im Gewächshaus vorgetrieben werden, damit sie im Dezember blühend über den Ladentisch gehen und als Topfpflanze dem Alpenveilchen für einige Wochen Konkurrenz machen können.

Denn diese Winter-Blume verträgt extreme Kälte, aber auch das geheizte Zimmer. Wer ihr wohlwill, stellt sie freilich über Nacht an einen kühlen Ort. Im späten Frühjahr läßt sich die abgeblühte Pflanze ins Freie setzen. Dreierlei ist dabei zu beachten. Die Nieswurz liebt den Kalk. Deswegen wird das Pflanzloch ordentlich mit Kalkschotter unterfüttert. Darüber mag sie es humos: leichten Lehm mit Lauberde und reifem Kompost. Auch dort, wo sie wild wächst, im Berchtesgadener Land zum Beispiel, steht sie auf nahrhaften Verwitterungsböden über dem Kalkgestein. Die Nieswurz liebt den lichten Schatten, zumindest während der sommerlichen Ruhezeit, die gern trocken sein darf. Sie hat ihren Platz am Gehölzrand unter Sträuchern und Bäumen. Und viertens: Die Nieswurz ist weiblich, also treu, also empfindlich gegenüber Verpflanzungen; es kann zwei Jahre dauern, bis sie sich mit einem neuen Standort abgefunden hat. Im ersten Sommer hängt das Laub erschreckend welk. Sie trauert. Gießen hilft da nicht, nur Geduld.

Plötzlich, mitten im kalten Winter, erblüht sie doch, errötet mehr oder weniger und wird allmählich grün. Anders die Grüne Nies-

Kind des Winters? In England werden die Arten von Helleborus orientalis Frühlingsrosen genannt

wurz, Helleborus viridis. Die bekennt sich von vornherein zu ihrem Namen. Sie ist selten geworden, auch in süddeutschen Bauerngärten wird sie nicht mehr gebraucht. »Bei Viehseuchen wie Milzbrand durchbohrte man den kranken Schweinen das Ohr und steckte die Nieswurz durch.« Derlei gehört heute ins Lexikon des Aberglaubens. Was andere, seriöseren Sparten der Heilkunde gewidmete Werke von der Nieswurz berichten, ist verwirrend genug. Griechische Philosophen sollen sie gegessen haben, um sich die Geisteskraft zu erhalten. Die Römer sagten von einem Dummkopf: Er hat die Nieswurz nötig. Doch wenig mehr als ein Gramm von der gepulverten Wurzel kann zum Tode führen. War wirklich Nieswurz im Niespulver? Wurzeln und Blätter enthalten das Herzgift Hellebrin und das Reizgift Helleborin. Nieswurz-Tinkturen sollen gut sein gegen Krämpfe und Psychosen, auch gegen Ausschlag und Kopfschmerz.

Plinius der Ältere, der Admiral und Naturforscher, der im Jahr 79 beim Ausbruch des Vesuvs ums Leben kam, empfahl die dunkle Wurzel als Abführmittel und als Gegengift gegen den Wahnsinn. Sollte man die friedliebenden Rüstungspolitiker mit Christrosen füttern? Paracelsus, der seinerzeit die Nieswurz von neuem entdeckte, schrieb überschwenglich: »Wolt got das der beste doctor aller teutschen hohenschulen diese wurz und kraut gebrauchen könnt..., so het er kunst genug.« Das mag für Ärzte gelten, die Bio-Gärtner und Selbstversorger werden in den Heilpflanzenbüchern gewarnt: »Im Hause sollte die Schwarze Nieswurz wegen ihrer Giftigkeit nicht benutzt werden.«

So lasse man die Schwarze Nieswurz im Garten, grabe nicht, hacke nicht, damit sie sich über die Jahre hin ungestört ausbreiten kann. Im Sommer deckt ihr immergrünes Laub den Boden, im Winter halten wir uns wie Mörike an die wundervolle Blüte.

Das Veilchen

Vorsicht mit Veilchen! Nicht, daß sie giftig wären. Das Veilchen kann heilsam sein. Der Apotheker Pahlow hat ihm zwei Spalten eingeräumt im »Großen Buch der Heilpflanzen«, und er schließt mit dem Satz: »Nebenwirkungen sind nicht zu befürchten.« Bei homöopathischer Verwendung des Krauts ohne die Wurzeln. Ein bescheidener Veilchenstrauß jedoch kann mehr Verwirrung stiften und Herzweh verursachen als eine unverschämt rote Rose auf hohem Stengel. Denn was verkündet die kleine blaue Blüte in aller Unschuld: »Verborgene Liebe beglückt.« Oder, deutlicher: »Nichts ist süßer als geheime Liebe.« Drum prüfe sich und seine Verhältnisse, wer einen Veilchenstrauß verschenken will. Die Empfängerin, der Blumensprache kundig, könnte verwundert sein, schlimmer, sie könnte Hoffnungen nähren. Und schon nimmt das Schicksal seinen Lauf.

Das Veilchen ist nicht die Blume der Demut, zu der es von braven Leuten auch schon ernannt worden ist, sondern eine starke Verführerin. »Als Venus sich nicht entschließen konnte, Vulcans Liebesbewerbungen zu erhören«, berichtet ein Veilchenforscher, »da bekränzte der Anmuthlose sich mit dem Gebilde der Anmuth, mit Veilchen, und die Göttin, von ihrem Duft angezogen, lächelte über den Unhold und willigte in die Umarmung.« Ja, wenn es nur immer so einfach wäre.

Venus und Vulcan sind zwar legendäre Figuren antiker Frömmigkeit. Doch Vergleichbares überliefern die Historiker aus dem wirklichen Leben: Ein Veilchenkranz im Haar und, besser im Gesichtsfeld des jungen Generals, ein Veilchenbukett im Dekolleté der Joséphine de Beauharnais habe bei der Eroberung Napoleons eine entscheidende Rolle gespielt. Danach sei den Napoleoniden das Veilchen so bedeutend gewesen wie die Lilie den Bourbonen.

Bevor wir nun mit gärtnerischem Bedacht vor der kaiserlichen Blume niederknien, sei noch eine Abschweifung in die Niederun-

Veilchen träumen schon, wollen balde kommen – wenn sie nicht schon da sind, die kühlen, die schwülen Boten des Frühlings und die geheimen Botschafter verborgener Liebe

gen der Veilchenpoesie erlaubt. Im Mittelalter soll es in Süddeutschland Sitte gewesen sein, das erste Veilchen auf eine Stange zu binden und den Lenzreigen darum zu tanzen. Als der Ritter Nithart Fuchs in den Donau-Auen vor Wien ein Märzveilchen fand, bedeckte er es mit seinem Hut und eilte, Otto den Fröhlichen und den Hofstaat zu alarmieren. Ein Bauer hob unterdessen neugierig den prächtigen Hut, pflückte das Veilchen, lockerte die Hose, »ließ zurück, was sich nicht singen noch sagen läßt« (Hans Sachs besang es aber doch) und stülpte den Hut wieder darüber. Als Nithart, der hernach den Beinamen Bauernfeind trug, dem Herzog und den Damen seinen Fund entdeckte, war die Gesellschaft so betreten, wie wir es jetzt auch wären, befänden wir uns mit diesem Satz nicht schon unterwegs zu einer anderen, nun wirklich poetischen Legende, die sich um eine französische Schauspielerin rankt, Mademoiselle Clairon, die verrückt nach Veilchen war, weshalb einer ihrer Verehrer die Blume so kultivierte, daß er zu allen Jahreszeiten allmorgendlich ein Sträußchen überbringen lassen konnte. Dreißig Jahre lang.

Der Veilchengärtner ist seiner blauen Blume lebenslang verfallen. Es ist ihm fast unmöglich, über das Veilchen zu schreiben und nicht sofort in den lyrischen Ton zu fallen. Karl Foerster allerdings begann einen Artikel in der Zeitschrift »Gartenschönheit« 1926 mit der trockenen Bemerkung: »Die meisten Gärten haben keine netten Plätze für Veilchen.« (Das stimmt immer noch.) Und er fuhr fort: »Frühlingsgärten ohne Veilchen sind lächerlich, aber sehr häufig.« Einem imaginären Gesprächspartner rief er zu: »Werfen Sie doch aus Ihrer sonnigen Gartenecke dort drüben die verruchten Schneebeeren und Thuja heraus!« Und er rät uns allen, die Veilchen in großer Menge zu pflanzen, aber nicht breitflächig, sondern buchtenreich, damit sich die Pflanzen nicht gegenseitig die Nahrung streitig machen. Dann habe man drei Wochen lang im Vorbeigehen immer »die Wellen kühler, warmer und heißer Veilchendüfte«. Und er gerät endlich ins Schwärmen, den Duft von Viola Jooi zum Beispiel könne man »nie vergessen und doch nie im Kopf behalten«.

Die ebenso und doch anders duftende klassische Sorte »Königin Charlotte« gibt es in jeder Staudengärtnerei, manchmal auch noch die purpurne »Rubra«. Will man sich einen Begriff von der Vielfalt des Sortiments machen und nicht gleich nach England fahren, schlage man »Die Freiland-Schmuckstauden« von Jelitto/Schacht/Feßler auf (Ulmer-Verlag, Stuttgart). Von den vierhundert Veilchenarten werden dort dreiundvierzig vorgestellt, eine von ihnen ist unser Märzveilchen, Viola odorata, von dem wiederum neun Sorten aufgeführt sind. Ein schönes Buch, dieses Staudenlexikon, unentbehrlich in der Gartenbibliothek.

Wenn Veilchen kümmern, wenn sie nicht kräftige Horste bilden, nicht bald in langer Reihe mit Ausläufern weitermarschieren, stehen sie meist zu dunkel und zu feucht. Foerster sagt: Die Veilchen vertragen unendliche Trockenheit und Hitze. Auch da hat er recht. Wo sie bei uns in der Sonne am Hang sitzen, blühen sie im Herbst noch mal, und sie wuchern in den Rasen hinunter; daß sie dort stoppelkurz gehalten werden, scheint ihnen nichts auszumachen. Doch in der Mulde unterm Hartriegel, wo es im Sommer schattig und im Winter naß ist, bleibt der Veilchenteppich löchrig, so daß mit Schneeglöckchen und Anemonen geflickt werden muß.

Also: Veilchen zur Sonne, zum Licht! Denn ihr seid nicht die Blümchen der Bescheidenheit, sondern die duftenden Boten unserer Frühlingsgefühle. »Wer nicht zuweilen zu viel empfindet, der empfindet gewiß immer zu wenig«, sagt Jean Paul. Im Garten können wir jetzt gar nicht zu viel empfinden.

Die Narzisse des unseligen Narziß

Liebe schmerzt. Unerfüllte Liebe kann tödlich sein. »Weh, weh!« rief die Nymphe Echo ersterbend, als das Haupt des Narkissos tot zur Erde sank. Was war geschehen? Der über die Maßen schöne Jüngling hatte im Alter von sechzehn, fast ein Knabe noch, die Zuneigung der griechischen Männer wie der Frauen verschmäht und auch dieses heftig entflammte Mädchen zurückgestoßen, als es dem im Wald Verirrten die Arme um den Hals schlingen wollte. Die Götter straften ihn für seine Kaltherzigkeit. Mit Selbstliebe. Narziß erkannte sein Spiegelbild in einer Quelle, doch er konnte es nicht fassen, nicht besitzen. Er schwand dahin, vom Liebesschmerz verzehrt. Dem Ort seiner Qual aber entsproß eine weiße Blume mit rotumrandeten Herzblättern, Narcissus poeticus.

So erklärt es die griechische Mythologie, und der Römer Ovid hat die Geschichte im Dritten Buch der Metamorphosen noch einmal in bewegenden Versen für alle Zeit festgehalten. Dennoch gilt Narcissus heute als ein weibliches Wesen, nicht nur in der deutschen Sprache, die aus dem Narcissus poeticus eine Dichternarzisse macht. Auch der französische Zeichner Grandville hat ihn oder sie in seinen »Beseelten Blumenbildern« als junge Frau dargestellt, als Frühlingsbotin im schulterfreien Dekolleté. Verwundert beugt sich die Dame Narziß über den Wasserspiegel, in dem sie nicht ihr Antlitz findet, sondern Lurch und Libelle. Denn das Goldene Zeitalter der Botanik war zugleich das Zeitalter der Entdekkungen und der Entzauberung. Als Grandville in den vierziger Jahren des vergangenen Jahrhunderts seine Fleurs animées aquarellierte, hatten es die Züchter schon weit gebracht. Den Narcissus poeticus der griechischen Bergwiesen hatten sie mit der westeuropäischen Osterglocke, Narcissus pseudonarcissus, gekreuzt: die neuen Schalennarzissen trugen nun im weißen Blütenkranz die

Die dottergelbe Trompetennarzisse ist unsere Osterglocke, die dann etwas später auch auf den Bergwiesen den Frühling verkündet

gleichen blutenden Herzen. Und hatten diese wieder zurückgekreuzt: noch die kurzkronigen Tellernarzissen erinnern weiß und rot an das Herzeleid der nie geliebten Nymphe. Sie war damals dem törichten Knaben alsbald in den Tod gefolgt, lebt jedoch nicht als Blume fort, sondern bloß als Widerhall in felsiger Schlucht. Nein, nicht dort allein, auch auf der Bühne. Echo und Narziß – sie waren der Renaissance, natürlich, ein idealer Opernstoff. Noch Scarlatti, Gluck und Massenet haben diese unselige Liebe dramatisch in Töne gesetzt.

Den Griechen war der bleiche Narkissos die Blume der Unterwelt, die Blüte des Todes. Daher der Name. Narkoe heißt: ich erstarre. Narkose kommt aus demselben Wortstamm. Die Narzissen allerdings, obgleich es stark duftende Arten gibt wie die Tazetten und Jonquillen, sie betäuben nicht, eher wirken sie erweckend: Der Winter ist vergangen!

Lautlos läutet das königliche Gelb der Osterglocken den Frühling ein, in den Gärten am Oberrhein schon beizeiten im März, auf den Höhen der Vogesen oder im Hohen Venn warten ihre wilden Schwestern oft bis zum Weißen Sonntag, auch wenn der spät in den April fällt. Die Osterglocke heißt in den Gartenkatalogen Trompetennarzisse, wegen der besonders langen Blütenbecher. Ihre Zwiebel ist giftig. Darum muß man sie nicht vor den Wühlmäusen schützen, wohl aber, wenn man sie ausgräbt, vor Kindern. »Die bittere Zwiebel«, sagt das Lexikon, »war ehedem als Brechmittel in Anwendung.« Heute wird ihre Essenz nur noch homöopathisch gegen Husten und Schnupfen genutzt.

Den gesunden Gärtner interessiert das nicht. Im September wirft er einige hunderte Knollen am Rand des Rasens aus, wo der sich unter lichten Gehölzen verliert, und pflanzt sie mit reichlich Hornmehl zehn Zentimeter tief ein. Sofern nicht überhaupt nur eine Sorte, eine Farbe den Garten beherrschen soll, werden große Nester von frühen und späten Narzissen gegeneinander gesetzt, vielleicht auch gelbe gegen reinweiße. Variatio delectat. »King Alfred« ist immer noch die schönste unter den dottergelben Osterglocken, eine englische Züchtung aus dem Jahr 1899. Zehntausend Mark wurden damals für hundert Zwiebeln dieser edel gekrausten Sorte bezahlt. Es war die hohe Zeit der Narzissenzucht in Britannien und in den zwiebelversessenen Niederlanden. Die ganz große Begeisterung der Engländer für die Narzisse, the lovely daffodil, lag freilich schon fast hundert Jahre zurück. Doch geht in England die Narzisse der Tulpe noch heute voran, zumindest im Titel des »Daffodil and Tulip Year Book« der Royal Horticultural Society. Obendrein läßt diese Königliche Gartengesellschaft als die internationale Registrierstelle für Narzissen von Zeit zu Zeit die wiederum vermehrte Neuauflage eines seit 1908 verbindlichen Verzeichnisses erscheinen, das die mittlerweile achttausend oder neuntausend Sorten und ihre Züchter beim Namen nennt, von Irland bis Tasmanien, vom Niederrhein bis Japan.

Gottlob müssen wir sie nicht alle kennen. Unsereinem darf es genügen, aus dem Angebot des Handels herauszusuchen, was den

mitteleuropäischen Winter übersteht. Und was gefällt. Auch die zweifarbigen und die gefüllten Narzissen finden ihre Liebhaber. Wenn sie sich nach zwei, drei Jahren an ihrem Standort eingerichtet haben, sich auch schon verwildernd vermehren, wenn sie sich dann unter der Märzensonne sacht im Winde wiegen, vergessen wir vor der leuchtenden Kraft dieser Frühlingskünder die betrübliche Geschichte von Narkissos und Echo und empfinden wie Wordsworth: »And then my heart with pleasure fills / And dances with the daffodils.« Tanzen ist gesund. Liebe muß nicht immer schmerzen.

S. 124/125: Den Engländern bedeutete eine Narzisse im vergangenen Jahrhundert mehr als ein ganzes Tulpenfeld. Fast so üppig wie in ihren Heimatgebirgen blühen ungezählte Horste von »King Alfred« diesseits und jenseits der Brücke im Garten von Stourhead

An die Birkenfeige verloren

»Wenn ich mit Menschen- und mit Engelzungen redete und hätte der Liebe nicht, so wäre ich ein tönend Erz oder eine klingende Schelle.« Das galt nicht nur für den Apostel Paulus, das gilt auch für den Gärtner, der seinen Gewächsen das Blühen predigt. Gäbe er, der Pflanzenpfleger, nicht einen Schuß Liebe drein, kaum merklich als Spurenelement, die Mühe könnte vergebens gewesen sein. Die Azalee oder das Alpenveilchen, die Gardenie oder der Granatapfel, wiewohl ordnungsgemäß gedüngt, belichtet und temperiert, sie wollten ihm vielleicht übers Jahr die Blüten nicht mehr öffnen.

Paulus rechnet es im ersten Brief an die Korinther vor, wie dieses Vitamin beschaffen ist, dieser Nährstoff für alles Lebendige: »Die Liebe ist langmütig und freundlich, die Liebe eifert nicht, die Liebe treibt nicht Mutwillen, sie blähet sich nicht, sie stellet sich nicht ungebärdig, sie sucht nicht das Ihre, sie läßt sich nicht erbittern... sie verträgt alles, sie glaubt alles, sie hoffet alles.« Ja, hoffen, das muß sie. Und schließlich: »Sie duldet alles.«

Sie duldet alles? Nein, ruft der Zimmergärtner. Nein! Was wäre das für eine Liebe, die nicht Grenzen zieht? Im Freien mag manches hingehen, nicht in der Wohnung. Fürs Haus gilt als erstes Gebot: Lasse dich nicht unterjochen! Leidenschaft ist gut, doch sie will gezügelt sein.

Garten heißt warten. Aber im Haus wachsen sich rasch Katastrophen aus. Unversehens kommt der Duldsamste in die Lage, sich wehren zu müssen. Gestern hat die geliebte Birkenfeige noch schüchtern in der Ecke gestanden, heute greift sie schon breit über den Tisch und meint, sie solle beim Bœuf à la bourguignonne neben dem Lorbeerblatt im Topf gleich mit einem ganzen Zweig von der Seite her mitmischen. Was ist das für eine Pflanze, die Birkenfeige? Erst schlank und zart, alsbald raumgreifend herrschsüchtig; kaum Mädchen, schon Matrone.

Die Birkenfeige ist ein Gummibaum. Nein, nicht jener steiflederne, der neben dem Fernsehgerät steht, sondern der kleinblättrige, botanisch Ficus benjamina. Ficus, weil dieser Baum zur achthundert Mitglieder zählenden Familie der Feigen gehört, obwohl sich kein Feigenblatt an ihm findet. Man muß die Birkenfeige nicht beschreiben, sie steht in fast allen Schalterhallen und eben auch in vielen grünbedürftigen Wohnungen, so die noch einige Kubikmeter Raum haben neben dem Eßplatz oder dem Schreibtisch.

Die gängigen Bücher über Zimmerpflanzen enthalten allemal das Nötigste zum Gummibaum. Übersichtlich und ausführlich informiert das nicht oft genug zu rühmende Werk von Karlheinz Rücker, »Die Pflanzen im Haus« (Ulmer-Verlag). Rücker stellt so viele Arten und Sorten für die Zimmerkultur vor, daß unsere jahrzehntelange Treue zur benjamina irritiert werden könnte. Da sind macrophylla und microcarpa, deltoida und triangularis, aspera und rubigunosa, pumila und sagittata, eine schöner als die andere; die allerschönsten, die buntlaubigen, überlassen wir den Fenstern mit den Wolkenvorhängen, aber die schmalblättrige cyasthistipula oder die elefantenohrige lyrata möchten wir gelegentlich von nahem besehen – bevor wir doch bei der feingliedrigen Birkenfeige bleiben. Auch sie ist mit den Früchten der Liebe begabt, keuschen Miniaturen der saftigen Samensäcke jenes Feigenbaumes, Ficus carica, den wir nicht im Zimmer halten können, noch weniger im Garten, weil er den mitteleuropäischen Winter nur in geschützten Lagen am Oberrhein übersteht.

In den überwärmten Wohnungen haben die Gummibäume die Rolle der einst beliebten, aber empfindlichen Zimmerlinde übernommen. Unsere Birkenfeige wächst im Wüstenklima der Zentralheizung so ungestüm wie im Urwald ihrer tropischen Heimat. Wenn sie nur ein Minimum an Zuwendung hat, außerdem genügend Wasser und Licht, Licht vor allem, und – nicht als Bedingung, aber förderlich – in trockenen Zeiten den erfrischenden Nebel aus der Blumenspritze, gelegentlich auch eine Entstaubung unter den harten Strahlen der Dusche, solange sie dort noch Platz findet. Der

Die Leidenschaft für den kleinblättrigen Gummibaum bringt den Zimmergärtner bald in Verlegenheit: Ficus benjamina, die Birkenfeige, wächst ihm ans Herz und dann ziemlich schnell über den Kopf

Birkenfeige reiferen Alters, die trotz ihres Gewichtes in den Sommerregen hinausgetragen wird, damit sie sich in den weichen Tränen des Himmels bade, wird jener Liebesbeweis zuteil, auf den sie nach all unseren Vorreden Anspruch hat.

Warum überlassen wir den großblättrigen Gummibaum, Ficus elastica, den Fernsehhaushalten und sind von der benjamina so hingerissen? Es ist das Frühlingshafte an ihr, das uns den Kopf verdreht, der birkenartige Wuchs mit den sich neigenden Zweigen, das Mädchenhafte, das noch aus der Matrone lächelt, es ist das locker sich Breitende, im leisen Lufthauch Erzitternde, das dem, der hinsieht, das Herz verwundet.

Den Lufthauch allerdings mag sie nicht, sofern es der trockene Zugwind an der sommers offenen Balkontür ist. Die sanfteste Brise bringt ihr die Spinnmilben oder gar die klebrig tropfenden Schildläuse. Wenn schon Wind, dann soll es Regenwind sein oder die schwere Luft der Nacht. Aus Platznot haben wir im vergangenen Frühsommer zwei großgewordene Bäume ins Freie gestellt. Einer fand sich im Halbschatten unterm hohen Ahorn des Nachbarn und war es zufrieden. Der andere hatte Sonne vom Mittag bis zum Abend; binnen zweier Tage verbrannte der obere Schirm seines Blätterdachs zu Pergament. In den Schatten gerettet, wuchs ihm bis zum Herbst so viel neues Grün ins verkahlte Haupt, daß er, nun wirklich zu groß für die Rückkehr ins Haus, im Frachtraum eines Siebentonners nach Nürnberg umziehen mußte, nicht in eine Schalterhalle, sondern ins lichte Gehäuse einer Pinselfabrik.

Das ist das Problem. Ist die Birkenfeige unter unseren Augen groß geworden und ans Herz gewachsen, muß sie entweder brutal beschnitten werden, oder wir müssen sie in fremde Hände geben. Trotzdem wächst wieder ein Ableger heran. In jenem dreizehnten Kapitel des Korintherbriefes schreibt der Apostel: »Die Liebe höret nimmer auf.«

Nun doch Rhododendron

Es irrt der Mensch, solang er strebt. Manchem gelingt es, seine jeweils neuen Irrtümer als Haltepunkte seiner Klugheit darzustellen; das ist der geborene Vorgesetzte. Daheim im Garten gelingt es nicht. Im Garten kommen die Fehler an den Tag; einige wachsen allmählich wieder zu, die meisten wachsen sich erbarmungslos aus. Und haben wir einst vor die eigentlich luxusbedürftige Hausfront eine Reihe von Spindelsträuchern gesetzt, bloß weil sie nichts kosteten, die dann erst im vierten Winter erfroren, so lassen sich die toten Stümpfe im Frühjahr nicht zu blühenden Rhododendren schönreden.

Als die vom Bauschutt befreiten Flächen vor und hinter einem Eigenheim im Frankfurter Nordwesten zu beleben waren, glaubte der über beide Ohren verschuldete Hausherr und Gartendilettant eines zu wissen: Rhododendren kommen nicht in Frage. Kein Geld. Keine Zeit. Auch kein Platz. Solche Kulissen, behauptete er, stehen auf den Bühnen einer anderen Welt, in den aristokratischen Gärten der Britischen Inseln vor allem, hierzulande füge sich Rhododendron allenfalls unter alte Bäume parkähnlicher Grundstücke, auf denen vorn der Zwölfzylinder übern Kies rollt.

Der Zwölfzylinder läßt noch auf sich warten, und der Garten ist in sieben Jahren um keinen Quadratmeter größer geworden. Aber unterm Küchenfenster blüht nun bald zum zweitenmal ein Viererzug von »Cunningham's White«, auf der Nordseite, nur im Hochsommer von den letzten Strahlen der Abendsonne gestreift. Im vollen Mittagslicht hingegen wölben sich vorm Podest der Pergola sechzehn Repens-Hybriden zur dunkelgrünen Hecke. Und werden zur selben Zeit blühen, Anfang Mai, allerdings rot vor dem schwarzen Holz. »Baden-Baden« sollte es eigentlich sein oder »Elisabeth Hobbie«, dann wurden wir doch zur Favoritin dieser Jahre überredet, »Scarlet Wonder« der Name, auch ein Gewächs aus dem Hause Hobbie. Zehn Meter weiter sitzen im Halbschatten zwei andere

Hobbie-Büsche; sie heißen »Gartendirektor Rieger«, obwohl die glockigen Blüten – erst ein Hauch von Rosa, dann cremeweiß – eher an ein Mädchen im Tanzstundenalter denken lassen; im vergangenen Jahr bogen dort noch die Margareten ihre Hälse zum Licht.

Wie dieser Sinneswandel? Warum der mühevolle Umbau auf der kleinen Gartenbühne? Immerhin sind den kalkempfindlichen Rhododendren, falls der Boden nicht von Natur schon sauer ist, jeweils Moorbeete auszuheben, unten mit Sand, Reisig und Torf, oben mit Spezialsubstrat zu füllen, seitlich gegen kalkiges Sickerwasser mit Folie zu dichten, und vielleicht ist bei Sorten mit lockerem Habitus noch ein passender Unterwuchs zu pflanzen, kriechender Zwerghartriegel könnte es sein.

Woher nun die bessere Einsicht? Elisabeth Hobbie ist schuld. Nicht die Pflanze, sondern die leibhaftige Tochter des Ammerländer Rhododendronzüchters Dietrich Hobbie, des deutschen Wegbereiters für das eigentlich englische, nein, ursprünglich chinesische Gewächs. Sie verwaltet und mehrt bei Linswege das Erbe ihres Vaters. Vor einem Besuch ihres Rhododendronparks kann man nur warnen; das sind Stunden des Glücks, die nicht ohne Folgen bleiben. Auf fünfundsechzig Hektar stehen, meist unter Kiefern, aber auch im wandernden Schatten exotischer Nadelhölzer, vielleicht hunderttausend Rhododendren, zweihundert Wildarten und viele hundert Sorten, junge und alte, mannshohe und übermannshohe. Sie stehen oft viel zu dicht und wunderbar durcheinander. Sie bilden einen leuchtenden Urwald, gegen den der auch nicht kleine und durchaus eindrucksvolle Rhododendronpark in Bremen beinahe langweilig wirkt. Weshalb? Weil in Bremen alles so ausgewogen und aufgeräumt und wohlabgestimmt ist.

Will sich jemand doch der Gefahr aussetzen, von der Linsweger Leidenschaft angesteckt zu werden, sollte er zuerst die kleine ordentliche Sammlung in Oldenburg, die große in Bremen und auch den nicht so öffentlichen Rhododendronwald von Johann Bruns in

---

S. 132/133: Nicht das übliche Vorgartenlila: Rhododendron fortunei

Bad Zwischenahn durchlaufen, und dann erst einen langen Maitag bei Hobbie einplanen, nach dem Gesetz der Steigerung. Wer in Süddeutschland wohnt fährt zuerst in den Kurpark von Baden-Baden und ins schweizerische Seleger-Moor.

Eine Rhododendron-Tour durch England und Irland kann natürlich noch mal andere Begeisterungen entzünden, hält aber auch eine bittere Enttäuschung bereit: Fast alle diese Prinzessinnen im milden Nebelland taugen nicht für den heimischen Garten. Züchtungen, die auf deutschem Boden groß geworden sind, haben viele extreme Winter überstanden, dem Etikett »zuverlässig frosthart« darf man trauen. Man muß trauen können. Rhododendren sind Anschaffungen fürs Leben. Außerdem kann sich für halbwegs übers Stecklingsalter hinausgewachsene Pflanzen einiges summieren. Braucht einer gleich den großen Blickfang, schreibt er schon für eine einzige Pflanze den Scheck vierstellig. Kniehohe Büsche, wie wir sie in Linswege in den Kofferraum schichteten und auf die Rücksitze setzten, bleiben gottlob im Rahmen eines Angestelltenbudgets. Ein zusätzliches Vergnügen ist: daß es dort nicht heißt »Kein Verkauf an Privat« wie ringsum bei den anderen Züchtern. Sehen, sich verlieben und gleich zugreifen, das ist lustig.

Auch bei Johann Bruns in Bad Zwischenahn gibt es für unsereinen keine Pflanzen, aber freundlicherweise ein kleines Rhododendronkolleg. Wichtigster Hinweis: Je mehr vom kalksperrenden Torf im Boden, desto eher dursten die Pflanzen. Torf hält das Wasser, hält es aber fest. Die Wurzeln entziehen ihm nur jene überschüssige Feuchtigkeit, die wir mit der bloßen Hand auspressen könnten. Eine Gießkanne, in Trockenzeiten über zwei Rhododendren geleert, ist immer zu wenig. Und: Je geringer die Luftfeuchte desto wichtiger werden Beschattung und Bewässerung. Das steht zwar auch in den Büchern, aber da steht so vieles, und wer liest schon so genau. Freilich, wir sollten uns kundig machen, bevor es schiefgegangen ist. Im Umgang mit Menschen werden wir, mit Glück, aus Erfahrung klug; im Umgang mit Pflanzen auch, aber vielleicht zu spät. Pflanzen sind empfindlicher.

Kiwi aus eigener Ernte

Champagner wäre angemessen, Rheingauer Riesling-Sekt tut es aber auch, wenn das Kiwi-Sorbet in den Dessertgläsern aufgefüllt werden soll an einem heiteren Abend zu zweit. Eine Stunde zuvor, die Gefährtin deckte schon den Tisch auf der Terrasse, hat der Koch sieben Kiwi-Früchte geschält und püriert. Zum Fruchtfleisch werden siebzig Gramm Zucker gegeben und drei Eßlöffel Zitronensaft, dazu die gleiche Menge Cointreau. Während des Abendessens rührt die Eismaschine grummelnd das grüne Püree.

Kiwis kann man kaufen. Neuerdings das ganze Jahr hindurch, seit sie nicht mehr allein aus Neuseeland, sondern auch aus Ländern der nördlichen Hemisphäre angeboten werden. Kiwis kann man selber ernten. Allerdings nur Ende Oktober, dann aber siebenhundert Früchte von einer Pflanze. Freilich nur von der weiblichen. Die männliche steht bloß großartig da, fruchtlos, aber unentbehrlich. Denn die Chinesische Stachelbeere, wie die Kiwi eigentlich heißt, ist zweihäusig. Da das Gewächs aus dem alten Reich der Mitte kommt, sind dem Herrn Bestäuber Nebenfrauen erlaubt, sieben ohne Bedenken. Neuseeland war nur Zwischenstation auf dem Weg nach Europa, der neuseeländische Nationalvogel hat dem braunbehaarten Ei den exportfördernden Namen gegeben. Die Kiwi-Historiker berichten, die ersten Samen seien im Jahr 1906 aus dem Yangtse-Tal auf die südpazifischen Inseln gelangt. Doch erst 1937 habe ein gewisser Jim MacLoughlin bei Auckland mit dem systematischen Anbau begonnen. Zwanzig Jahre später sei dann der Export in Gang gekommen.

Bei uns erschienen die ersten Kisten mit diesen braunen Dingern, die, innen stachelbeergrün, auch wirklich stachelbeerähnlich schmecken, Anfang der siebziger Jahre in den Auslagen der Feinkosthändler. Unterdessen kommt kein Gemüsestand und keine Hausfrau ohne sie aus. Kiwi mit Ingwer als Marmelade, Kiwi im Obstsalat, Kiwi als Krönung der proletarischen Käsesahnetorte.

Was ist schöner, die Frucht im Oktober oder die Blüte im Juni? Die Chinesische Stachelbeere, die zur neuseeländischen Kiwi wurde, wirft einen Mantel großer Herzblätter über Mauer und Pergola

Wie aber kommt der deutsche Vorgartenbesitzer auf die Kiwi-Pflanze? Eigentlich gar nicht. Gärtner sind konservativ, und der Anfänger richtet sich sowieso nach den Nachbarn. Uns half der Zufall weiter. Vor einigen Jahren war zu entscheiden, ob ein mannshohes Gemäuer vorm Haus weiß für sich selber sprechen darf oder ob, da es einen nach Südwesten offenen Winkel bildet, Weinreben herbstsüß drüberhinwachsen sollen oder eine Waldrebe sommerprächtig: Clematis montana war die Favoritin. Doch plötzlich waren wir aller Überlegungen enthoben. Das Laub färbte sich oder war schon am Fallen, da stand im Frankfurter Palmengarten eine herzblättrige Pfeifenwinde noch sattgrün am Gerüst. Beim Nähertreten erwies sich: keine Pfeifenwinde. Stärker das Holz, fester die Blätter, größer, zartbehaart. Und unter diesen grünen Elefantenohren hingen jene Luxusfrüchte, die in der Küche gerade ihre Rolle zu spielen begannen. Acht Tage später saßen zwei dieser

Strahlengriffelgewächse, Actinidia chinensis, in ihren Pflanzlöchern, mit viel Torf und Kompost versehen, mit Laub und Fichtenreisern eingedeckt.

Denn in der Baumschule war gewarnt worden: Frostempfindlich! Und eine Gartenzeitschrift verkündete: Nur für Weinbauklima geeignet! In den Büchern kam die Exotin noch nicht vor, von einer winzigen Erwähnung bei Margot Schubert abgesehen. Erst »Der Nutzgarten« von Hermann Link und Winfried Titze (Ulmer-Verlag) widmet nun der Kiwi-Kultur fast eine ganze Seite.

Unterdessen haben acht mehr oder weniger schöne Sommer und einige harte Winter bewiesen, daß Yang Tao, so heißt die Chinesische Stachelbeere in ihrer Heimat, wo die Rebe schon seit dreihundert Jahren unter Ausschluß der Weltöffentlichkeit gezogen wurde, den mitteleuropäischen Wetterstürzen und Frostperioden standhält, sogar in unserm Kaltluftloch am Frankfurter Nordwestrand.

Nach dem extremen Winter 84/85 waren die Lorbeerkirschen zur Hälfte und die Feuerdornhecke ganz und gar erfroren. Den beiden Kiwis hat der ungewöhnliche Frost nur die Knospen und wenige Ranken beschädigt. Blüte und Ernte fielen in jenem Jahr zwar aus, doch im Herbst darauf holten wir wieder vierhundertzehn Früchte aus den verschlungenen Armen unserer einen weiblichen Pflanze. Wie Winteräpfel sind sie nicht sofort eßreif, sondern müssen erst noch zwei, drei Wochen kühl gelagert werden. Wenn sich die Schale leicht vom Fruchtfleisch lösen läßt, ist es soweit. Unsere Kiwis sind nur halb so groß wie die gekauften, aber sie haben doppelt so viel Aroma. Vielleicht gedeihen die Kiwis sogar in der Oberpfalz. Hat es denn schon jemand ausprobiert?

Windempfindlich, wie es ihnen nachgesagt wird, sind die Reben auch nicht. Doch sie sind durstige Gesellen. In trockenen Sommern verlangen sie alle zwei Tage nach mehreren Kannen Wasser aus der Regentonne, obwohl sie von schwerem Boden umgeben sind. Aber Kalk mögen sie tatsächlich nicht. Zuerst hatten wir den Mauerwinkel mit Carrara-Kies abgedeckt. Da wurden die Blätter gelb. Chlorose. Erst eine Gabe Fetrilon half wieder zurück ins Grüne. Und der kalkige Kies wurde gegen ungefährliche Kiesel getauscht.

Die Kiwi-Rebe ist eine Schlingpflanze, aber selber festhalten kann sie sich nicht. Trotzdem bauten wir ihr kein Spaliergerüst. Das Rebholz wird rasch fest. Nur die jungen, weit ausschwingenden Triebe müssen an einigen Mauerhaken angebunden werden, damit sie Halt haben im Gewittersturm und damit sie den dichten Blättermantel dorthin breiten, wo er gewünscht wird. Denn die Chinesische Stachelbeere ist eine Augenweide vom Mai bis in den November und erst ganz zuletzt auch ein Vitaminspender, der in einer Frucht so viele C-Vitamine versammelt wie Zitrone, Orange und Pampelmuse zusammen. Am besten schmeckt die Kiwi frisch aus der Schale. Den Champagner trinken wir hinterher.

Solche und andere Äpfel

»Über Rosen läßt sich dichten, / In die Äpfel muß man beißen«, singt der Gärtner, von Lauten begleitet, im Saal der kaiserlichen Pfalz: Faust, der Tragödie zweiter Teil, erster Akt, wo der Mummenschanz noch altdeutsche Züge trägt, bevor dann das Personal der griechischen Mythologie die Bühne beherrscht.

In welche Äpfel hat Goethes Gärtner wohl gebissen? Gewiß nicht in saure. Vielleicht in die Goldparmäne, die damals als Reine des Reinettes mit ihrem fruchtigsüßen, nussigen Aroma gerade von Frankreich auf dem Umweg über England die wärmeren Winkel in den Obstgärten des Kontinents eroberte. Oder in den Süßen Pfaffenapfel, auch eine Sorte des achtzehnten Jahrhunderts, die heute kaum noch auf einem Markt zu finden ist; um so mehr wird sie unter Raritätensammlern und Apfelhistorikern gehandelt, getauscht, gehegt. Der Gärtner, wenn er Apfel sagt, meint das Kernobst, den runden Bruder der Birne. Goethe war Gärtner, ein doppelt glücklicher sogar; zwei Gärten standen zur Verfügung, der hinterm Haus am Frauenplan und der eigentliche im Tal der Ilm, der mit dem weißen Gartenhaus, in dem der immer wieder jegliche Gesellschaft fliehende Mann klausurieren, die Natur beobachten und sogar übernachten konnte. Aber Goethe war nicht nur Gärtner.

»Einst hatt ich einen schönen Traum:«, läßt er den Doktor Faust in der Walpurgisnacht des ersten Teils bekennen. »Da sah ich einen Apfelbaum, / Zwei schöne Äpfel glänzten dran, / Sie reizten mich, ich stieg hinan.« Und die angesprochene Schönheit antwortet, wohl wissend, daß nicht von Obst und Gartenbau die Rede ist: »Der Äpfelchen begehrt ihr sehr, / Und schon vom Paradiese her, / Von Freuden fühl ich mich bewegt, / Daß auch mein Garten solche trägt.« Es gilt zu unterscheiden zwischen dem einen Apfel der Erkenntnis, den zwei Äpfeln der Lust und den Hunderten von mehr süßen oder mehr säuerlichen Früchten, die dem Gärtner, dem Koch, dem Esser die Wahl schwermachen.

Manche Äpfel finden jedermanns Gefallen, andere haben auch ihre Liebhaber. Der Rote Hauptmann ist kein Modeapfel

Nur von wirklichen Äpfeln, Malus sylvestris, wird nun die Rede sein, von grünen, gelben, rotbackigen, in die der Fleischfresser krachend die Zähne schlägt, wenn er dem Eiweißüberschuß mit Ballaststoffen und einem Vitaminstoß beikommen will. Lassen wir auch den Frankfurter Apfelwein dort, wo er hingehört, in Sachsenhausen. Und kein Gedanke an edlere Verflüssigungen wie den Calvados, weil derlei vergeistigte Aromaträger das Apfelstudium behindern würden. Nur der Unterschied zwischen Mann und Frau darf noch einmal bemerkt werden: Er läßt sich auch an der Wahl des Apfels ablesen. Frauen entscheiden sich eher für den feinen Cox Orange oder den jungen Gloster, wenn nicht gleich für die fruchtige Süße des Delicious; Männern ist, so bestätigen Blindproben, meist der Berlepsch oder die wuchtige Säure des Boskoop lieber.

Es ist fast wie beim Wein. Da greifen die Frauen im Zweifel zum Weißen; je schwerer der Rotwein, je älter, je göttlicher, desto mehr wird er zur Männersache. Wie der Wein fordert der Apfel Geduld, sofern es nicht ein frühreifer Klarapfel ist, der vierzehn Tage nach dem Pflücken gegessen sein will. Der Apfel fordert Geduld und Kellerkunst. Zwischen der Pflückreife eines säurebetonten Winterapfels und seiner Genußreife können mehrere Monate liegen. Wenn wir unseren Ontario Ende Oktober vorsichtig vom Baum nehmen, schmeckt er so wäßrig-sauer, daß es einem die Löcher in den Strümpfen zusammenzieht. Aber im Dezember, falls es ein guter Herbst war, fängt dieser Ontario an, interessant zu werden. Wie köstlich er dann sein wird, hängt auch von der Lagerung ab. Aus einem warmen, trockenen Keller kommen nur fade Apfelmumien. Die schmecken nicht und taugen schon gar nicht für die Küche.

Denn es ist bei den Äpfeln wie beim Wein: Zum Kochen ist das Beste gerade gut genug. Das Beste in bestem Zustand. Aber wer hat schon den idealen Apfelkeller mit hoher Luftfeuchtigkeit und Temperaturen nahe Null! Man kann vielleicht in die kalte Garage ausweichen, jedenfalls die Äpfel in Foliensäcke packen, in denen die Verdunstung und die sauerstoffbedürftigen Stoffwechselprozesse gebremst werden. Perfektionisten haben einen elektrischen Frischhalteschrank, der Feuchtigkeit, Temperatur und Luftaustausch regelt. Nicht nur die eigenen, auch fast alle Äpfel, die wir im Spätherbst kaufen, bedürfen noch einige Wochen der Lagerung, bis sie ihren halbfertigen Charakter verlieren, bis ihr grasig-grünes Fruchtfleisch ins Gelbe, ins Feine umschlägt. Berlepsch, Brettacher, Boskoop oder Idared wollen Weihnachten noch unberührt im Keller erleben. Granny Smith wird im Januar genießbar, beim Glockenapfel sollten wir sogar bis Februar warten.

In die Äpfel muß man beißen? Unsern Ontario lieben wir auch dann noch, wenn er einen Truthahn gemeinsam mit Preiselbeeren und Hackfleisch füllt. Noch mehr, wenn seine säuerliche Seele karamelisiert aus einer gerade dem Ofen entnommenen Tarte tatin warm der Nase entgegensteigt. Früher aßen wir ihn als Bratapfel. Eine heiße Erinnerung an die Kindheit. Sitzen Gäste am Tisch, gibt es Fränkische Apfelküchle, die machen mehr her, ohne den Gelegenheitskoch zu überfordern: Vier Äpfel schälen und in fingerdicke

Scheiben schneiden, mit Rum oder Cognac beträufeln. Reichlich hundert Gramm Mehl mit etwas Zucker und einer Prise Salz mischen, eine kleine Tasse Bier und zwei Eier dazugeben, zu einem glatten Teig schlagen, eine Nuß Butter schmelzen und unterrühren. Die Apfelscheiben im Teig wenden und im schwimmenden Fett ausbacken. Zimtzucker drüberstreuen. Fertig. Oder, für die zeitgemäße Tellerdekoration, Puderzucker verwenden und drei knusprige Scheiben mit je einer Kugel Apfeleis servieren. Fürs Eis allerdings nehmen wir einen Apfel von der süßeren Art. Aber reif muß er sein. Bei den Äpfeln ist es einfach: Reife geht immer vor Schönheit.

Die Lampionblume

»Wenn es wahr ist, daß ich in deinem Herzen eingeschlossen bin, so können deine Augen mich ja nicht sehen«, klagt Poppea, die Titelheldin in der schönsten aller Opern, dem Alterswerk von Claudio Monteverdi. Welch ein Drama! Und zu welchem Ende! Die Liebe triumphiert über die Tugend. Eine herbstliche Musik, doch keine ersterbende, sie ist aufs beste ausgereift; mit starkem Knospenbesatz, würde der Gärtner sagen. Der Frühlingsjubel ist schon heftig dabei, nicht als Oberstimme, sondern als Grundstimmung, nicht als Erinnerung, sondern als Erwartung, nicht erhofft, sondern gewiß. Denn der Geliebte entgegnet, Poppeas Worte aufnehmend: »Du bist mein Herz und mein Licht – e luce mia!«

Das Licht des Frühlings, in der Leuchtkraft des Herbstes läßt es sich schon ahnen. Die Lichter des Frühlings, im Herbst kräftigen sie sich zur tieferen Glut.

Der Herbst glüht auf dreierlei Weise. Da sind die letzten, die beständigsten Blüten des Jahres; da sind die Farbspiele des vergehenden Laubes; da sind aber auch solch späte Früchte wie die plötzlich sich rötenden Samenbehälter der Lampionblume, Physalis alkekengi. Die erst grünen, dann orangeroten Fruchthüllen, diese Lampions, die sich aus dem Blütenkelch entwickeln, der zum Ballon anschwillt, sind vier bis sieben Zentimeter lang. Und beinahe ebenso dick. Sie bergen je eine dunkelrote, kugelige Beere, die gut schmeckt, himbeersüß ist sie. Auf den Dessert-Tellern ambitionierter Restaurants hat sie sich einen festen Platz erobert, nackt oder im Zuckermantel.

Geblüht hat die Lampionblume schon Ende August. Wir haben es nicht bemerkt, weil die weißlichen Blüten unansehnlich in den Blattwinkeln sitzen und weil das kleine, aber bald nach allen Seiten ausschwärmende Heer der Lampionblumen hinter den Johannisbeeren am Hügel zum Nachbarzaun einquartiert ist. Erst zum

Wenn es Winter wird, wärmt das leuchtende Rot der Lampionblume. Ihre feurigen Samenbehälter krönen den Trockenstrauß oder einen Desserteller: In der papiernen Hülle sitzen süße Beeren

Septemberende zieht der abseitige Hang die Aufmerksamkeit auf sich. An einem trockenen Oktobertag haben wir dann einen Teil dieses Lampionwalds ins Haus geholt. Nun leuchtet sein raschelndes Feuer ausdauernd durch die Verdunkelungen des Winters, rettet die Gartenwärme durch die frostige Jahreszeit.

Die meterhohen Rispen wurden locker in einer bauchigen Bodenvase trockengestellt. Soll die Judenkirsche, so heißt die Lampionblume auch, in Gestecke oder Trockensträuche eingebaut werden, hält man sich aber an die Empfehlung von Marianne Beuchert. In ihren »Sträußen aus meinem Garten« (Eugen Ulmer, Stuttgart) rät sie, die Blätter zu entfernen und je fünf Rispen kopfunter hängend zu trocknen. Und sie rät vor allem, zwischen mancherlei professionellen Tips, keine andere Sorte als »Gigantea« zu verwenden. Wieder andere Einzelheiten der Lampionwissenschaft finden sich in dem Spezialwerk »Trockenblumen« von Erna Herr und Peter Menzel, ebenfalls bei Ulmer: Eingedrückte Lampions lassen sich durch das kleine Loch an der Spitze wieder aufblasen. Lampions, die über den Winter draußen geblieben sind, magern zu durchsichtigen Gebilden, deren Gewebe zwischen den Nervensträngen verschwunden ist, feine Filigrangestalten, die sich vergolden oder versilbern lassen – Material für jedwede Art von Floristenkunst.

Die Lampionblume ist altmodisch. Sie war sehr in Mode und ist jetzt mit wiederum modischen Vorurteilen belastet. Sie gehörte wie die Pfauenfeder so unbedingt in den Plüsch-Salon der Großmütter und Großtanten, daß mancher heute noch gegen die schuldlose Blume einen Widerwillen hat. Den wollen wir lösen. Immer wieder muß das Gartenwesen entkrampft werden, sonst geht zu viel verloren in den Wellen des Zeitgeists. Der unruhige Gärtner schwimmt gegen den Strom. Aber wie? Er stellt den Liegestuhl in die Herbstsonne und liest ein paar Seiten in den Büchern der Alten.

Memento te esse florem! Gedenke, daß du eine Blume bist! So ermahnten einander vor drei Jahrhunderten die gelehrten Schäfer und Schäferinnen unter den Lauben und hinter den Hecken ihrer feudalen Barockgärten oder pastoralen Wiesenwinkel. Du bist die

Anemone, du eine Rose, du bist das Stiefmütterchen, du die Lilie. Ich könnte die Lampionblume sein, in der Jugend nichtsnutzig, spät erleuchtet, im Alter eroberungssüchtig. (»Sich selber richtig zu vergleichen, ist das Geheimnis des inneren Glücks«, schreibt in unserem Jahrhundert Rudolf Borchardt, der leidenschaftliche Gärtner und Blumenpfleger.) Eroberungssüchtig? Ja, die Lampionblume ist kein Eremit und kein Solist. Nicht, daß sie gesellig wäre. Nein, sie will ganz bei sich sein, nur unter ihresgleichen, will in Massen blühen, fruchten, Samen schleudern, Wurzelausläufer nachrücken lassen. Sie will den Wald bilden, alles andere Kraut und Gewächs unterlaufen und überwuchern, verdrängen. Ihr dabei zusehen, aber nicht zu lang, schließlich eingreifen, dämmend, ordnend, rettend, oder auch nicht eingreifen, die wandernde Welle sich selber brechen lassen – das ist die Gartenlust.

Das ist der praktische Teil. Die andere Seite ist das Betrachten, das Gewahrwerden. Eine Blume, und sei es dieser spät errötende Alkekengi, kann ein Pfand sein, verschwiegener Trost Sehnsüchtiger. Wer es nicht selbst merkt, darf sich von Rudolf Borchardt sagen lassen, daß die Gebärden und Haltungen der Blumen, das Aufrechtsein und Sichneigen, das Sichverstecken und Enthüllen, Sichschmiegen und Trotzen – daß sie in sich wiederholen, wenn auch um vieles leichter, seelenhaft, was wir geliebt haben, vielleicht gerade lieben: ein verhaltenes Lächeln, die Schmerzenslinie vergötterter Hände oder des wunderbaren Fußes, ein Zucken um den niegeküßten Mund.

Die Lampionblume ist ein Nachtschattengewächs für Tagträumer. Im Lehrbuch der geheimen Blumensprache wird ihre Botschaft entschlüsselt: Dein Blick durchbohrt mein Herz. So klang damals auch einer von den Seufzern der erzitternden Poppea. Und so lautet immer wieder die Anklage, die gegen jede Poppea zu erheben ist: Dein Anblick macht mir Weh. Fragt sich der leidenschaftliche, aber nachdenkliche Gärtner vor seiner Lampionblume jedoch allen Ernstes, was er empfindet, so muß er erkennen, das Gegenteil ist wahr: Dein Anblick stimmt mich froh.

Der Kürbis ist schwer und leicht

»Wer glaubst du denn zu sein, daß du mich schelten willst, du Kürbis?« Das ist ein Satz im klassischen Versmaß, der dennoch nicht für jede Lebensbühne taugt. Es ist ein sehr deutscher Satz. Und viel Ahnung von der saftigen Wucht der Zentnerfrucht kann einer nicht haben, der den Kürbis als Schimpfwort benutzt. Zu Zeiten Goethes wurde er allerdings auch als Viehfutter angebaut, und in der Küche, die sich vom Dreißigjährigen Krieg noch immer nicht erholt hatte, wurde der Kürbis mit etwas Butter oder Rahm zu Brei zerkocht, allenfalls in Scheiben gebacken. Das heute noch übliche süßsaure Einmachen mit Essig und Zucker, als Beilage zu kaltem Fleisch, war dann schon der Gipfel kulinarischer Bemühung. Vielleicht hat der Herr aus Weimar, der einen Hohlkopf abzukanzeln hatte, den Kürbis nie gut gegessen, nie heranwachsen sehen, vielleicht hat er ihn bloß von fern in der ausgehöhlten Form gekannt, die Kinder schreckt und Kleingärtnerfesten ein Windlicht aufsetzt.

Uns ist der volle, schwere Kürbis lieb. Je schwerer, desto lieber. Gewichtig soll er sein, doch nicht gar so groß, schwer nur im Verhältnis zum Umfang. Er muß klingen, wenn man mit dem Finger an die Schale klopft. Das Fruchtfleisch soll fest sein, nicht schwammig oder faserig wie oft bei den extrem dicken Kugeln. Im Garten, natürlich, hätten wir gern das Schaustück, das Rekordgewicht, das blanke Volumen. In der Küche hingegen ist die Substanz gefragt. Und welcher Gärtner kehrt nicht in die Küche zurück? Wo nicht als Koch, so doch als Esser?

»Kürbis, gewaltiger Sohn der Erde!« Das ist ein griechischer Satz. Ein Satz, der homerischen Atem hat. Ein bedächtiges, glückliches Wort. Während ein altdeutsches Appetitlexikon das Kapitel vom Kürbis mit dem Hinweis einleitet, er sei »mit vollen neunzig Prozent Wasser gesegnet«, heißt es auf dem Balkan achtungsvoll: Tische bedeckt er, und er decket den Tisch. Zum Beispiel gewürfelt

Der Kürbis ist eine besonders große Beere. Im Fruchtfleisch stecken ledrige Samenkerne. Getrocknet sind sie den Zähnen und der Zunge angenehm: Kürbiskern beiß ich gern

und glasig gedünstet als Gemüse mit viel Dill und saurer Sahne, zum Schweinebraten. Ein ungarisches Rezept. Das Kürbis-Essen, das uns über die Jahre immer besser schmeckt und von Gästen allemal ohne Rest abgeräumt wird, ist indischer Herkunft. Wir verdanken es, wie auch sonst manche Kürbis-Kenntnis, der Hamburger Hausfrauen-Zeitschrift »essen & trinken«, die zur Hand zu nehmen vielen Männern unzumutbar scheint. Unsereiner studiert sie gern. Es sind immer wieder Rosinen drin, wie im indischen Kürbistopf, dessen andere Zutat nach Rückkehr aus dem Garten verraten werden soll.

»Der Herbst wird ewig seinen goldenen Kürbis wälzen.« Das ist ein chinesischer Satz. Ein Satz für Philosophen. Doch bevor wir uns in der Weisheit des Ostens finden oder in den Küchen Shanghais verlieren, wollen wir endlich den Kürbis am Kompost besuchen und in die Abendluft schnuppern: Darf er auch diese Nacht noch draußen bleiben oder muß er in den Keller gerettet werden? Der Kürbis verträgt nicht den Anflug von Frost. Aber Obacht: Beim Abschneiden ein wenigstens fünf Zentimer langes Stück Stiel an der Kugel lassen; sonst hält sie nicht. Sofern nicht die ganze Ernte sofort zerteilt und verschenkt wird, sollen ja einige Früchte auf dem Lattenrost am kühlen Ort unbeschadet den Dezember erleben. Ein anderes Obacht haben wir uns schon im Frühjahr zugerufen: Keinesfalls setzt man den Kürbis, wie es oft empfohlen wird, auf den Kompost. Dafür wäre der denn doch zu schade. Und wer wollte sich den Zugriff zum Nährstoffhügel monatelang blockieren. Eine oder zwei im Topf vorgezogene Pflanzen kommen unten an den Rand, wo sich noch genug Nahrung findet, an den Südrand, wo es am wärmsten ist, von wo aus die vielmeterlangen Ranken den Kompostberg halbwegs überwuchern und beschatten dürfen.

Ob der Kürbis eine Frucht des Ostens ist, wie Victor Hehn glaubte, oder doch aus Mittelamerika stammt, obgleich schon bei den alten Ägyptern in Kultur – derlei Fragen mögen die Wissenschaft beschäftigen. Auch das Durcheinander von Arten, Sorten und Benennungen in Büchern und Katalogen muß nicht schlaflose

Der Kürbis muß Gewicht haben und festes Fleisch, ein schwammiger Hohlkopf soll er nicht sein

Nächte bereiten. Hier ist vom großen, runden Herbstkürbis die Rede, auch Riesenkürbis oder Speisekürbis, dem Kürbis schlechthin. Cucurbita maxima. Er rankt. Außerdem gibt es die Sommerkürbisse, zu denen auch der Zucchino gehört, Familienname Cucurbita pepo. Sie ranken auch, soweit sie nicht buschig wachsen, die Früchte sind meist gestreckt und werden unreif geerntet. Doch unser Kürbis reift im Herbst, den sommerlichen Markkürbis überlassen wir den Engländern und den ungenießbaren Zierkürbis den Kindergärtnerinnen. Im Garten halten wir uns an den bewährten Gelben Zentner und auf dem Markt kaufen wir nach Augenschein, es darf auch gern ein Viertel von einer anderen starken Sorte sein.

Der indische Kürbistopf aber geht so: Ein Kilo Lammfleisch von der Keule und Schulter, grob gestückelt, in heißem Öl anbraten. Dazu zwei Zwiebeln, fein gehackt. Sodann mit zwei Knoblauchzehen, gepreßt, frisch geriebenem Ingwer, Chilipulver, Kardamom, zwei Stangen Zimt und Salz kräftig würzen. Wenig Wasser dazu.

Oder Weißwein. Mild schmoren, sehr mild. Eine gute halbe Stunde oder länger. Wenn das Fleisch fast gar ist, ein Kilo Kürbiswürfel und je zwanzig Gramm Mandeln, Pistazien und Rosinen dazugeben. Noch ein Viertelstündchen köcheln; die Kürbisstücke sollen nur glasig werden, knackig bleiben, nicht zerfallen. Mit Safranreis heiß auf die Teller. Das macht vier Esser so glücklich, daß sie vom Käse hernach nichts wissen wollen und das Dessert noch eine Weile hinausgeschoben sehen möchten. Sind es fünf oder sechs, dürfen Schafskäse und Brie von der Ziege nach einem Erholungsschwatz doch noch auf den Tisch. Den Kürbistopf begleitet, je nach Wetter und Laune, trockener Weißer oder ein frischer Roter, jedenfalls nicht wenig. Denn der Kürbis ist rund. Rund und schwer. Und am Ende doch so wunderbar leicht.

Was macht der Gärtner im Winter

Der Winter ist des Gärtners schönste Zeit. Draußen knackt der Frost. Drinnen knackt es im Kamin. Es duftet auch. Ein Arm voll getrockneter Lavendelrispen ist dem Feuer übergeben worden. Und Nigel Rogers füllt den Raum mit florentinischen Liebesliedern. Er singt von einem Feuer anderer Art, das ihm ein Mädchen entzündet hat, so daß er nun glüht wie ein Vulkan: Ah, ch'io vengo un Mongibello. Während Cembalo, Gambe und Violine seinem brennenden Herzen den musikalischen Sauerstoff zuführen, schaut der mitfühlende Gärtner durch die Scheibe hinaus in die kalte Natur: Baum und Strauch stehen starr im Reif, aber Amseln streiten hitzig um Haferflocken, die gar nicht für sie gedacht sind, Meisen, Finken knacken Sonnenblumenkerne, Spatzen schwirren. Ein Dompfaff dazwischen. Ein Dompfaff? Plötzlich ist es am Gärtner, starr hinterm Fenster zu verharren, obwohl die Schöne, damigella tutta bella, dem Sänger gerade neue Gluten entfacht: Vom unteren Garten her nähert sich der Fasan samt seinen vier Damen zögernden Schritts dem überdachten Futterplatz.

Der Winter ist des Gärtners schönste Zeit. Wochenlang kann er sich aufs Zuschauen beschränken. Er ist zum Nichtstun verurteilt. Nicht einmal über den gefrorenen Rasen darf er laufen, das schadet den Gräsern. Er geht bloß zweimal die Woche über die Trittsteine am Bach entlang zum Kompostplatz, bringt die Küchenabfälle unter. Er gräbt sie ein, deckt mit Laub und Reisig ab, damit Kaffeefilter und Orangenschalen nicht von Elstern und anderen Rabenvögeln in der Nachbarschaft verteilt werden. Auf dem Rückweg zum Haus sieht er nach den Wühlmausfallen. Leer. Doch daneben ein frischaufgeworfener Erdhaufen. Und noch einer. Nur nicht ärgern. Bald, wenn die Wolfsmilch wieder wächst und die Kaiserkrone blüht, bald geht es der Wühlmaus an den Pelz.

Wenn der Reif die Berberitze zuckert, steht der Gärtner am Fenster und schaut dem Winter zu

Der Winter ist des Gärtners schönste Zeit. Vergessen ist der grausame Sommer mit den Arbeitswochenenden, den Fünfzehn-Stunden-Tagen, an denen der Gartenbesitzer nach dem Säubern und Aufräumen der lehmverschmierten Gerätschaften gegen Mitternacht noch einmal steifbeinig hinaustappte ins frischgeschorene Rasengelände und den Sprenger nun nicht mehr versetzte, sondern abschaltete, hernach mit weichen Knien kaum noch den Weg aus der Dusche ins Bett gefunden hat.

Was ist der Winter für eine angenehme Zeit! Zeit der Ruhe, Zeit zum Bedenken. Das Rotkehlchen hilft mit. Es ist immer dabei. Erst schnickert es unsichtbar in ferneren Gehölzen. Dann kommt es näher, umkreist den Gartenbegeher. Äugt und wippt. Aus Neugier oder Sorge? Wer weiß es. Gewiß ist nur, sagt der Ornithologe, daß diese Rotbrust ein Männchen ist; die Weibchen und die Jungen fliehen vor dem Frost nach Süden. (Nein, sagt ein anderer. Falsch. Manche fliegen weg, manche bleiben, ob Männchen oder Weibchen.) Der dicke Gärtner und der kleine Vogel allein in der Winterstille. Der Vogel fliegt eilends hin und her. Auch der Gärtner ist voll geheimer Unruhe.

Anderntags steht er wieder am Fenster und schaut hinaus. Hinaus ins Offene, Durchsichtige, Aufgeräumte oder auf das vom Schnee gnädig Zugedeckte. Er schaut und ist zufrieden. Da und dort könnte es, genau besehen, besser sein. So manches muß anders werden. Der Pantoffelgärtner sieht Arbeit. Gleich fürs Frühjahr. Das freut ihn. Verdrießen könnten ihn die lästigen Amseln, weil sie noch unter dem Deckreisig hervor das schützende Laub auf den Rasen zerren. Sängen sie nicht bald wieder so hinreißend, morgens um fünf und abends um neun, man müßte sie alle erschießen, die Amseln. Knurrend zieht er die Schuhe an, weil er nicht länger zusehen kann, wie sie am Teich, der sich als ein Bach durch den Garten zieht, vergebens das Wasser suchend übers Gefrorene rutschen. Also den Pickel aus dem Keller holen, Trinkplätze und Badestellen ins Eis stoßen. Es lohnt die Mühe. Bis zum Bauch stehen die ungeliebten Schwarzröcke dann am seichten Rand im Geröll, tauchend, flügelschlagend, spritzend. Eine Schar Stare fällt ein. Das ist erst ein Schauspiel! Stare, wenn sie baden, das sind Wasserwerfer, Spritzbrunnenaufdreher, Fontänenmeister. Ein Südfenster gehört freilich dazu, und ein Gegenlicht.

Der Winter ist des Gärtners schönste Zeit. Wann sonst sieht er so klar, wie stattlich der Bambus steht? Auch das Chinarohrgras, das zierliche, aber schon ebenso hohe. Im Sommer schießen die Halme ins Kraut, alles schießt da ins Kraut und verschwindet hinter seiner Lebenskraft. Jetzt haben die mannshohen, weich überhängenden Stengel von Fargesia murielae ein Drittel ihrer Blätter verloren, jetzt, vor dem schrägen Licht, beleben sie bizarr belaubt die grau und weiße Leere. Ganz anders, drei Meter hoch, aber nicht weniger schön, die trocken raschelnden Fahnen des großen Chinaschilfs, Miscanthus japonicus, am Wasserfaß. Pflanzenschönheit für ein Wintergedicht.

Der Gärtner ist kein Dichter, sondern Täter. Er setzt die Mütze auf, packt Handschuhe, Säge und Scheren, taucht den Pinsel in die Büchse mit dem Baumwundmittel, marschiert ins Freie, obwohl die schwache Sonne von blauweißen Wolkenwalzen weggeschoben wird, die einen wirbelnden, doch fast folgenlosen Schneeschauer von Nordwesten übers Haus werfen – er kann nicht länger warten. Ein Taschenbuch aus dem Ulmer-Verlag ist ihm in die Hand gekommen: »Der Winterschnitt von Obst- und Ziergehölzen«, von Günter Pardatscher. Gewiß, er besitzt dickere Bücher zum Thema, aber dieses hat er gelesen. Und Herr Pardatscher hat ihn auf Trab gebracht. Nicht nur der Hibiskus wartet aufs verjüngende Auslichten. Der ganze Garten wartet. Der Winter, gottlob, ist bald vorbei.

Pinien im Schnee

Weihnachten ist schön. Sagt der Senn im Wallis am Heiligen Abend ins Rotweinglas hinein. Ha ja, seufzt sein Gegenüber nach geraumer Weile. Und fügt nach einer glücklichen Stunde des Schweigens mit einem noch tieferen Seufzer hinzu: Eine Liebesnacht ist auch schön. Auf dieses kühne Bekenntnis hin bleiben beide wieder lange stumm. Bis der andere nach einem bedächtigen Schluck triumphierend sagt: Aber Weihnachten ist öfter!

Ob er recht hat, muß hier nicht untersucht werden; es ist eine innerschweizerische Angelegenheit. Sofern die Irritation der beiden Rotweintrinker nicht überhaupt auf einem Irrtum beruht. Ist nicht Weihnachten selber das Fest der Liebe? Und sind nicht die Zapfen, die von unschuldigen Händen ohne alle Nebengedanken als Christbaumschmuck verwendet werden, seit unvordenklichen Zeiten Symbole der Fruchtbarkeit? Beim Tannenzapfen macht es allein die Form; der eher rundliche Pinienzapfen überzeugt durch die Menge seiner starken Samen. Hundert köstliche Pinienkerne verbergen sich oft in einer einzigen Frucht.

Man kann die Kerne essen, zum Beispiel in Butter geröstet auf Blattspinat zum Lammkotelett. Man kann sie auch in die Erde stekken. Nach einem Elba-Urlaub haben wir vier Blumentöpfe aufs Fensterbrett gestellt und vier Pinoli, vier Piniennüsse, hineingesetzt. Neugierhalber, ohne die Folgen zu bedenken. Jetzt sind die jungen Pinien sieben Jahre alt. Während des vergangenen Sommers sind sie beunruhigend mächtig geworden. Zum erstenmal blieb der Neutrieb nicht bläulich kurznadelig, sondern buschte sich dunkelgrün mit Nadeln, die plötzlich vierzehn Zentimeter messen.

Unsere Pinien sind erwachsen geworden. Wie schön! Und wie schrecklich: Sie werden im nächsten Jahr nicht noch einmal vor der Balkontür im Schlafzimmer überwintern können, der Schrank ist jetzt schon blockiert, das Doppelbett nur noch von einer Seite erreichbar. Aber wo denn sonst? Sie brauchen viel Licht, sie wollen es kühl, aber scheuen die Kälte. Die Fachliteratur sagt: Nördlich der Alpen überstehen Pinien den Winter nicht, zehn Grad Frost bringen ihnen den Tod. Schön wäre es, wir könnten ihnen einen Wintergarten bauen. Aber unsereins gewinnt nicht im Lotto, und auch dann wären dem Wachstum bald wieder Grenzen gesetzt. Pinien werden zwanzig Meter hoch. Solange man ihnen nicht mit den Folterwerkzeugen der Bonsaitechnik zu Leibe rückt.

Seit einigen Wochen haben wir nicht nur Unterbringungssorgen. Christian Seiffert und Richard Keller schreiben in ihrer unerschöpflichen »Düngerfibel für den Garten« nämlich so nebenbei unter dem Rubrum Symbiose: »Die Abhängigkeit der Bäume von Pilzen ist oft groß. Pinien zum Beispiel verkümmern und verhungern schließlich, wenn sie beim Einpflanzen nicht eine Schaufel voll Erde aus einem Pinienwald erhalten, der die entsprechenden Pinienpilze enthält.« Also werden wir im Frühjahr nach Italien fahren und aus einer ligurischen oder toskanischen Pineta einen Sack Erde scharren. Warum die Mühe um einen Baum, der für unser Klima nicht taugt? Genügt es nicht, daß rundum in der Nachbarschaft österreichische Schwarzkiefern stehen, eine schöner als die andere? Genügt es nicht, daß japanische Kiefern im eigenen Garten den Luftraum sich zu erobern beginnen? Genügt es nicht, daß der heimischen Föhre, Pinus silvestris, die für sich allein auch schon eine Augenweide ist, noch beinahe hundert andere Kiefernarten zur Seite stehen?

Nein. Es ist das widervernünftige Verlangen nach einem mediterranen Erinnerungsstück, da sich nun mal das toskanische Licht nicht nach Hause tragen läßt. Was anderen die dunkle Silhouette der Zypresse oder das Flirren der Ölbäume, das ist uns die warme Helligkeit in der breiten Krone der Pinien, die einen Bauernhof beschatten, eine Allee begleiten oder im lockeren Zug auf einem Hügelkamm den Horizont beschirmen.

Junge Pinien tragen noch eine kugelige Krone. Mit dreißig Jahren erst fangen sie an, jene großen Zapfen zu treiben, die von Assyrern und Ägyptern als Zeichen der Kraft und des Lebens in Marmor und

Pinienzapfen dienen heute als Weihnachtsschmuck. Früher gaben sie Brunnen, Giebeln und Säulen den Anschein von Lebenskraft und Unsterblichkeit. Die Pinie ist der Baum des Mittelmeers, der Baum unserer Sehnsucht

Bronze nachgebildet wurden. Seinen typischen Habitus nimmt der Baum erst nach vielen Jahrzehnten an. Ob der Schirm dazu dient, nachts möglichst viel Tau einzufangen, wie manche meinen, oder am Tag möglichst viel Licht – wer weiß es?

Wegen der ungewöhnlichen Weise, in der sich die Äste der Sonne entgegenbreiten, heißt die Pinie, der Linné den Namen Pinus pinea gab, in Frankreich Pin parasol. Die Italiener sagen Pino domestico, was darauf deutet, daß der Baum mit Bedacht kultiviert wurde. Die Pinie kam wohl, wie alle Kultur, aus Asien und ist seit mindestens zweitausend Jahren am nördlichen Saum des Mittelmeers vom Bosporus bis Portugal heimisch, später wurde sie auch in den milderen Regionen Frankreichs und der britischen Inseln angepflanzt. In England heißt sie stone pine. Dennoch bleibt die Pinie der Mittelmeerbaum schlechthin, unser Baum der Sehnsucht. Und muß es nun doch nicht bleiben! Beim Spaziergang durch den Frankfurter Palmengarten stoßen wir am Seerosenteich auf eine Pinie. Sie steht im Freien. Fünf Meter hoch. Ein Schild beseitigt alle Zweifel! Pinus pinea. Und dann vor der Südfront des Gesellschaftshauses eine ganze Reihe von Pinien. Die haben schon elf deutsche Winter überstanden. Und nur der Temperatursturz in der Neujahrsnacht 78/79 hat den Bäumen geschadet, sagt der Gartenmeister, fast alle Nadeln starben ab. Doch im Frühjahr trieben sie wieder aus, als sei nichts gewesen. Heute sieht man ihnen nichts anderes an als Gesundheit. Die Frankfurter Pinien haben zwar einen besonders geschützten Platz mitten in der Stadt, doch sie werden weder vor starkem Frost bewahrt noch vor der gefährlichen Spätwintersonne, dafür sind sie schon viel zu groß. Das heißt uns hoffen. Wir werden unseren kleinen Pinienhain im nächsten Jahr nicht mehr ins Schlafzimmer zwängen. – Nachschrift. Sieben Jahre später. Drei Pinien stehen auf der Rasenzunge vor der Terrasse. Sie sind uns längst über den Kopf gewachsen.

Vor dem Brautgemach die Quitte

Als Solon sechshundert Jahre vor Christus dem brüchigen Gemeindewesen der Athener Gesetze gab, hat er auch verfügt, die Braut solle auf der Schwelle des Hochzeitsgemachs eine Quitte essen. Plutarch, der die Sache überliefert, schreibt nicht, warum. Zur Beförderung der Fruchtbarkeit? Ein Spötter meinte – es war der schlesische Landwirt und Prediger Johann Colerus –, die Quitte, die ja roh fast ungenießbar ist, hatte der jungen Frau anzuzeigen, daß sie nun um ihres Mannes willen in manchen sauren Apfel werde beißen müssen.

Bräute heutzutage lassen eher dem Mann das Obst bitter werden. In eine Quitte beißt er dennoch nicht. Quitten wie Brautnächte sind Relikte aus Großmutters Zeiten, man kennt sie gerade noch vom Hörensagen. Mango, Lychee, Kumquat, dergleichen findet sich in der Markthalle. Aber Quitten? Und wer hat denn noch einen Quittenbaum im Garten? In unserer Straße keiner. Es gibt rundliche Apfelquitten und längliche Birnquitten. Beide sind gut für Quittengelee. Wer weiß denn noch, wie es schmeckt? Früher gehörte zum Gebäck auf dem Weihnachtsteller auch immer ein Stapel von festen Geleestücken, Quittenbrot, gelb oder rot gefärbt, in Zucker gewälzt. Aber das ist lange her, das war nach dem Krieg. Damals lagen im Keller die Unionbriketts, und in den Gärten standen mannshohe Quittensträucher, manchmal waren es richtige Bäume, vier, sechs, acht Meter hoch: Cydonia oblonga. Den botanischen Namen hat die Pflanze von der kretischen Stadt Cydon, obwohl sie zuerst nur im Vorderen Orient und in Transkaukasien heimisch war, bevor sie, allerdings lang vor dem Trojanischen Krieg, die östlichen Säume des Mittelmeers eroberte. Schon der Apfel, den Paris der Aphrodite überreichte, war ein Quittenapfel, ein Schönheitspreis, nicht zum Verzehr bestimmt.

Die Quitten, die wir jetzt im Garten haben, sind von anderer Art.

Im Spätwinter blüht ein Quittenzweig in der Vase, zartrosa. Im April erglüht der ganze Strauch dunkelrot

Sie haben kleine, derbe, glänzende Blätter, und sie sind, anders als ihre großen Schwestern, nicht empfindlich gegen Kalk. Es sind Zierquitten, Scheinquitten: Japanische Quitten, Chaenomeles japonica, kaum einen Meter hoch, mit ziegelroten Blüten, die oft schon im März aufbrechen; oder China-Quitten, Chaenomeles speciosa, etwas größer die Sträucher, die in weicheren, samtenen Tönen später blühen, bis in den Mai hinein; oder Hybriden, Chaenomeles superba, die aus Kreuzungen zwischen den andern beiden hervorgegangen sind. Einige dieser Züchtungen erreichen zwei Meter Höhe, manche kommen über achtzig Zentimeter nicht hinaus. Alle diese Scheinquitten haben einen Zug in die Breite, ins Ausladende. Deswegen möchten sie entweder allein stehen und vor weißen Mauern, wenn nicht vor immergrünen Hintergründen blühen, oder sie verhaken sich mit ihren sparrigen, dornigen Zweigen zur Hecke.

Eines haben die zierlichen Schönheiten, die erst vor zweihundert

Jahren aus Fernost nach Europa kamen, mit der Quitte Solons gemein: Die Früchte, nicht so flaumig, aber auch quittegelb, auch apfelrund oder birnenlang, außen gefurcht, innen körnig, sollen ebenfalls zur Marmelade taugen. Ja, sie sollen noch aromatischer sein, weshalb Karl Stoll und Ulrich Gremmlinger in dem Ulmer-Buch »Besondere Obstarten – Vom Reichtum seltener, südländischer und wildwachsender Früchte« empfehlen, Äpfel der Zierquitte im Verhältnis eins zu drei dem Gelee der Obstquitte beizufügen. Andere Autoren erwecken den Anschein, die Frucht der Zierquitte ließe sich auch allein einkochen. Man müßte es wirklich probieren. Im Herbst.

Jetzt ist Frühling. Und diese Quitten haben wir wegen ihrer Blüten gepflanzt. Nicht, weil die Blütenschalen von nahem so kostbar, so künstlich aussehen, als seien sie aus Wachs geformt, es ist die frühe Farbe, das feurige Rot, das wir dem Forsythiengelb der Nachbargärten entgegenhalten. »Andenken an Karl Ramcke« heißt einer unserer drei Sträucher, »Fire dance« heißen die anderen. Neben solchen roten – feuerrot, zinnoberrot, signalrot, blutrot, scharlachrot, dunkelrot, leuchtendrot – bieten die Baumschulen eine »Pink lady« und die weißblühende »Nivalis«. Die muß schön sein! Die müßte ins Bild passen! Es fehlt aber der Platz. Das ist das Schicksal des Gärtners: Er muß sich bescheiden. So manche Liebe bleibt platonisch.

So manche Liebe fällt auch dem Frost zum Opfer. Die Liebe zur Japanquitte nicht. Aus den Büchern tönt es unisono: »Alle Zierquitten sind sehr anspruchslos und hart.« Dennoch sind die unseren in den strengen Wintern Mitte der achtziger Jahre arg zurückgefroren. Da hatte die Astschere zu tun. Sonst gilt: kein Rückschnitt. Und: die Blüten kommen am vorjährigen Holz. Darum ist es auch nicht ganz einfach, im Winter den richtigen Zweig fürs Vorblühen in der Vase aus dem Gewirr herauszuschneiden. Allzuleicht erwischt man einen Zweig, dessen oberes Drittel ganz ohne Blütenknospen ist. Aber die Mühe des Suchens nach altem, dunklerem Geäst lohne, schreibt Marianne Beuchert in ihrem schönen, hilfreichen Buch

»Sträuße aus meinem Garten« (auch bei Ulmer), kein anderer Strauch blühe in der Vase über Wochen so zuverlässig wie die Japanische Quitte.

Genauso ausdauernd entfaltet sie ihr feuriges Wesen im Garten und entfaltet zugleich, wie es Karl Foerster auf seine väterliche Weise sagt, verborgene Glückskräfte des Menschen und hebt sie ans Licht. Auch wenn es vielleicht nur Glücksgefühle sind, die wieder eingeholt werden vom späten Schnee, von strengem Wind, von kalter Trockenheit: »Der Frühling scheint zuweilen / Sanfter als er wirklich ist. / Die schönen Tage läßt er teuer zahlen.« Zwei Zephirn kündigen im Prolog der Oper »Atys« von Lully die Tragödie an, die aus einem unerwünschten Liebesbrand erwächst. Der entflammte Jüngling klagt, so lang er noch klagen kann: »Was nützt die Gunst des Schicksals, / Wenn Amor uns ins Unglück stürzt?« Das ist die alte Frage, die der Frühling immer von neuem aufwirft. Die Träne quillt. Die Quitte blüht.

S. 164/165: Auch die kleinen harten Äpfel der japanischen Zierquitte sind gut für Gelee und Quittenbrot

Maulwurf und Wühlmaus

Ein Weltende durch das große Feuer haben die Menschen schon vor elfhundert Jahren gefürchtet. Auf die Ränder und leeren Seiten eines Buches, das der Bischof Adelram von Salzburg im neunten Jahrhundert dem nachmaligen König Ludwig dem Deutschen geschenkt hatte, schrieb jemand, vielleicht der König selber, ein Textfragment mit der Weltuntergangszeile »dar ni mac denne mak andremo helfan vora demo muspille«, kein Verwandter kann da dem anderen helfen vor dem Erdzerstörer. Die Germanisten beschäftigt die Frage, ob es sich bei dem althochdeutschen muspilli buchstäblich um den Erdzerstörer handele (von mu = Erde) oder um einen Rasenzerstörer (von mud = Rasen), also um das Feuer; denn die nächste Verszeile verkündet: Alles verbrennt. Den Gärtner kümmert der rückwärtsgewandte Streit der Sprachhistoriker noch weniger als der vorsorgliche der Militärtheoretiker um Erstschlag und Nachrüstung. Im Garten führen immer die Rasenzerstörer den Erstschlag. Plötzlich sind die Haufen da, die hohen des Maulwurfs oder die flachen der Wühlmaus.

War nur der Maulwurf am Werk, atmen wir erst einmal dankbar durch. Der Maulwurf kann lästig werden, aber er ist harmlos. Da er als Fleischfresser nie an Wurzeln nagt, sondern Drahtwürmer, Engerlinge, Asseln und Schnecken vertilgt, muß man ihn nicht fürchten, eher achten. Zwar dezimiert er auch das Heer der Bodenlüfter, der Regenwürmer, doch der Verlust macht sich nicht bemerkbar. Wirft der Maulwurf seine Haufen auf, werden sie halt auseinandergeharkt. Einige mit Petroleum getränkte Lappen in die Höhlungen geschoben – und er verzieht sich. Der dumme Kerl geht allerdings immer wieder in die Wühlmausfallen, weil er, der runde Gänge gräbt, die ovalen Röhren der Wühlmaus gelegentlich mitbenutzt. Schon deshalb kontrollieren wir die Fallen so oft wie möglich und tragen den alsbald Befreiten im Eimer eine Viertelstunde weit hinaus aufs Feld. Wenn er sich dann blitzschnell im Acker vergraben

Der Glaube versetzt Berge. Die Kaiserkrone vertreibt Wühlmäuse. Tut sie es nicht, so blüht sie doch sehr prachtvoll

hat, fragt sich der Maulwurfretter auf dem Rückweg, wie lang die rosige Schnauze wohl braucht, bis sie wieder im Garten ist.

Zur Wühlmaus, die im vergangenen Frühjahr fast ein Dutzend Himbeersetzlinge und einen jungen Mirabellenbaum zum Absterben brachte, vom Schaden sommers beim Gemüse und den Blumen nicht zu reden, zur Wühlmaus besteht kein freundlich belustigtes Verhältnis. Bei ihr kann der Tierfreund seine Tötungshemmung vergessen. Der Zorn wächst, wenn das Untier, anstatt in die Fallen zu gehen, den Gang vor dem schnappenden Draht oder dem Kunststoffgefängnis einfach zuschiebt. Obwohl die Instrumente und die Gartenhandschuhe tagelang im Freien gelegen hatten und noch mit Erde abgerieben worden waren, damit die scharfe Nase den Menschen nicht riecht. Das Schlimmste ist aber der überraschende Erfolg. Da zappelt ein seidiger dunkler Pelz, braun, manchmal fast schwarz, viel schöner als jedes Meerschweinchen, und kluge Augen fragen: Vermagst du es etwa, mich zu erschlagen?

Macht sich der geplagte Gärtner nicht vor sich selber lächerlich, wenn er den Schädling, das mitleidheischende Geschöpf, nun eine halbe Stunde weit wegtransportiert? Also sucht er sein Heil geduldig in der Nachrüstung. Fette Wolfsmilch wird am Zaun gepflanzt. In Doppelreihen. Die Wühlmaus kümmert's nicht. An anderer Stelle steht eine Barriere von Kaiserkronen. Auch ihnen wird nachgesagt, sie hielten, mit dem durchdringenden Gestank ihrer feisten Zwiebeln, den sensiblen Nager fern. Doch die Wühlmaus schiebt sich zwischen den handbreit nebeneinandersitzenden Kaiserkronen hindurch. Weiß sie denn nicht, daß sie eine empfindliche Nase hat? Oder isoliert der Frankfurter Lehm so gut?

Manche sagen, die Wühlmaus sei aber geräuschempfindlich. Leere Flaschen solle man zur Hälfte eingraben, damit der über die Öffnung streichende Wind ein schauerliches Huh-Huh unterirdisch verbreite. Doch woher den Wind nehmen bei all dem mühsam gepflanzten Windschutz? Und wie sähe solch ein Flaschengarten aus! Darum haben wir nicht den allerleisesten Rasenmäher gekauft, sondern ein brausendes Luftkissengerät mit lärmendem Zweitaktmotor, und mähen zweimal die Woche. Dem Rasen tut das gut, den Nachbarn weniger, die Wühlmaus stört es nicht. Am Abend wurde noch gedröhnt, am Morgen findet sich ein neues Ganggewölbe von der Randbepflanzung weit ins frisch gemähte Gelände hinein.

Letzte Hoffnung: Wühlmausgas. Teure graue Bröckchen werden in die Gänge gebracht. Wo es zu feucht ist, pufft es und knallt. Karbidgeruch zieht über die Beete hin. Ein Maulwurf schnappt nach Luft und ist nicht mehr zu retten. Maulwürfe können rückwärts wie vorwärts kriechen, rasch graben, Sprinter sind sie nicht. Die Wühlmaus hat offenbar doch eine feine Nase und läuft, wenn es sein muß, drei Meter in der Sekunde.

Es gibt noch ein Kampfmittel. Quiritox. Das ist Johannisbrot, rosa überpudert mit Warferin, das einen schmerzlosen Tod herbeiführen soll. Nachdem im Herbst fast hundert Mark dafür ausgegeben worden waren, schien es erst, als seien die Nager resistent gegen dieses Gift. Nun findet sich im Frühjahr tatsächlich keine frische Spur des Pflanzenmörders mehr. Also doch ein Sieg. Freilich teuer erkauft. Und für wie lange? Denn hinterm Zaun des Nachbarn beginnt das Ackerland.

Vor der nächsten Invasion könnte man nun die Blumenzwiebeln und die Wurzeln von Setzlingen und Sämlingen mit Drahtgeflecht zu schützen suchen oder sie in Glaswolle betten. Wir haben jedoch beschlossen, die Wühlmaus nicht mehr zu bekämpfen, auch nicht zähneknirschend zu dulden, sondern zu lieben. Opferbereit. Gegen Liebe ist jede Kreatur machtlos. – Nachschrift: Das mit der Liebe hat nicht geklappt. Unterdessen haben wir aber einen Hermelin als Wintergast, der im Steinhaufen zwischen dem Haus und der Bambushecke logiert. Keine Maus trippelt mehr über die Terrasse, keine Wühlmaus gräbt mehr unter den Rosen.

Der Oleander ist durstig

Einst, in unserer italienischen Zeit, liebten wir Elba besonders wegen der mächtigen Pinien über den fernen Buchten im granitenen Westen der Insel. Elba und die Esel; Elba und die Pyrite, Malachite, Azurite; vor allem: Elba und die Pinien. Unsere kleinen Pinien übrigens, aus elbischem Samen in Töpfen gezogen, die wir vor Jahren nahe der Terrasse auf einen Rasenbuckel pflanzten, mit einer Beimischung von Erde aus einem provenzalischen Pinienhain (wegen der lebensnotwendigen Symbiose mit einem Pinienwurzelpilz) – sie haben einige harte Winter unter einem Zelt aus Bohnenstangen und Bett-Tüchern überstanden. Gesund stehen sie da, selbdritt, gut benadelt, ausladend, schon bald vier Meter hoch. Außer Pinienzapfen brachten wir damals auch Oleanderstecklinge mit. Nichts ist leichter, als Zweigspitzen in einem Wasserglas Wurzeln bilden zu lassen und nach vier Wochen einzutopfen. Schwierig wird es vier oder fünf Jahre später, wenn die herangewachsenen Büsche mannshoch in großen Töpfen sitzen und nach einem kühlen und zugleich hellen Winterquartier verlangen; denn in den Garten pflanzen, wie die Pinien, läßt sich der Oleander nicht. Der erste mäßige Frost würde ihn töten.

Wer hat einen Wintergarten? Wir noch immer nicht. Im Schlafzimmer war es schon mit den Pinien zu eng gewesen, und bei acht bis vier Grad, der Wunschtemperatur für die oleandrische Winterruhe, möchte man die Betten ja auch nicht halten. Der Keller ist warm und dunkel. Erstaunlicherweise hält der Oleander die finstere Gefangenschaft aus, er blüht dann allerdings nicht von Juni bis Oktober, sondern beginnt erst Anfang August. Auf die Dauer werden wir ihn über die steile Kellertreppe nicht schleppen können. Also wird nun doch eine Garage gebaut, mit Glasdach, nicht fürs Auto, sondern für den Oleander, den wir dann im Frühjahr auf Rollwägelchen tagsüber immer wieder heraus- und hineinschieben, damit er beizeiten von der ersten unbeständigen Frühlings-

hitze erweckt wird. Denn der Oleander giert nach Luft und nach Sonne. Der wärmste Platz an der Mauer ist ihm der liebste. Wo es anderen Lebewesen über Mittag unerträglich wird, fühlt er sich wohl. Hitze ist sein Lebenselement.

Der Oleander lechzt nach Wasser. Botanisch heißt er Nerium oleander. Nereus, der Wassergott, ist Namenspatron; die Nereiden sind nahe, die Nymphen des feuchten Elements. Haben wir ihn aber nicht an den staubigsten Straßen Griechenlands üppig blühen gesehen? Und auf dem Mittelstreifen südfranzösischer Autobahnen? So ausgedörrt der Boden dort schien, auf dem Trockenen kann der Oleander nicht gesessen haben. Wo er wild wächst in den Mittelmeerländern, begleitet er meist Wasserläufe – wie bei uns die Weide. Und wenn ein marokkanisches Bachbett im Sommer trokkenliegt, so sitzt im Wurzelgrund noch genug Feuchtigkeit. Unser Oleander, der im Kübel steckt, kann keine unterirdischen Reserven anzapfen. Er ist auf die Gießkanne angewiesen. An warmen Tagen muß nicht nur jeden Morgen gegossen werden, sondern auch abends nochmal.

Der Oleander liebt die Nässe. Wer es nicht glauben kann, schaue in die Bücher, zum Beispiel in Fritz Enckes »Kübelpflanzen. Geschichte, Herkunft, Pflege« (Verlag Eugen Ulmer, Stuttgart). Er mag die Nässe jedoch nur unten. Gegen Regen ist er empfindlich. Ein feuchtes Frühjahr kann ihm das Blühen verleiden. Im deutschen Sommer steht er am besten unter einem Vordach oder unter Glas trockenen Haupts, während zu Füßen im Untertopf ruhig mal das Wasser stehen darf.

Der Oleander will auch nicht hungern. Er ist ein Vielfraß wie die Tomate. Warum blüht der unsere nun doch so fröhlich, trotz des dunklen Winterkellers? Weil er für die wöchentliche Düngergabe dankt. Fehlt es ihm an Nahrung, an Wärme, an Wasser, an Licht,

---

S. 172/173: Schön ist der Oleander, aber anspruchsvoll. Rot blüht er, rosa oder weiß – aber nur, wenn er gut genährt wird. Giftig ist er, aber auch heilsam: Er stillt die Sehnsucht nach dem Süden

zaust ihn der Wind, dann steht er nicht nur ärmlich da, er wird auch eher von den Schildläusen befallen. Die muß man mit einem Holzspatel abkratzen oder mit Seifenlauge abbürsten, nur in der allergrößten Not sollte die Giftspritze benutzt werden.

Der Oleander selber ist giftig. Er gehört in die Familie der Hundsgiftgewächse. In Süditalien erhielt er den Beinamen amazza l'asino, Eselsmörder. Aber ein Esel hütet sich vorm Oleander. Nicht der Mensch. »Während Napoleons italienischem Feldzug erkrankten französische Soldaten schwer – und viele starben! –, weil sie am Lagerfeuer Oleanderzweige als Bratspieße benutzt hatten«, berichtet der Gartenlust Großvater Richard Katz in seiner Kolumnensammlung »Übern Gartenhag«. Wie dem Oleander diese seine Giftigkeit zustatten kommt, hat Victor Hehn, ein anderer Vorvater, vor hundert Jahren dargelegt: Der Oleander sei spät aus Asien nach Griechenland und Italien gebracht worden, und zwar als Kulturpflanze, die jedoch rasch verwildern und sich verbreiten konnte, da sie »von Ziegen und Eseln, den Feinden aller jungen Bäume, verschont wurde«.

Der schöne, giftige, wilde Oleander duftet schwach, aber angenehm. Meist sind die Blüten rosa. Wir bevorzugen weiß. Einige unserer Büsche blühen natürlich rot. Aber alle einfach. Es gibt auch Sorten mit gefüllten Blüten. Reizvoller sind sie nicht, nur dicker und noch empfindlicher. Und ob sie je eine Biene anlocken? Hehn erzählt in seinen schon zitierten historisch-linguistischen Skizzen »Kulturpflanzen und Hausthiere« von einem Volk der Sanni in Kleinasien, »dessen Honig betäubende Kraft hatte: Man suchte die Ursache davon in den Blüten der Oleanderbüsche, von denen dort alle Wälder voll waren.« Unsere Gärten können nicht voll von Oleander sein. Aber wer hindert uns, die Balkone und Terrassen zu bevölkern, den Gartenweg zu säumen? Die betäubende Kraft des Oleanders fördert die Lebenslust und stärkt die Erinnerung ans Mittelmeer.

Träume von der gläsernen Orangerie

Hundert Gramm Zucker hellbraun karamelisieren lassen. Mit einem halben Liter frischgepreßtem Orangensaft löschen (Vorsicht, spritzt!) und auf zwei Drittel einkochen; etwas Kartoffelstärke zum Abbinden, dann eine gute Portion Cointreau zugeben und auskühlen lassen.

Was ist das? Der Trost des Gärtners in der Küche. Die Orangerie im alten Stil können wir uns nicht leisten, allenfalls ein Apfelsinenbäumchen, Citrus sinensis. Frische Orangen haben wir dennoch leichter zur Hand als vormals die Gartendirektoren und Küchenchefs des Markgrafen zu Ansbach oder des Barons von Münchhausen zu Schwöbber bei Hameln. Und zudem haben wir für die gar nicht mehr exotischen, nun jedoch wirklich fürstlichen Genüsse zum Beispiel Witzigmanns »Kulinarische Kreationen« (Heyne-Verlag) mit dem dort ausführlichen Rezept der Orangensauce zur Mousse von weißer und brauner Schokolade.

Die orangene Sauce und den Schokoladenschaum kann jeder in seiner kleinen Küche nachvollziehen, wenn er nur weiß, daß zum Erfolg neben der ernstlichen Bemühung erstklassige Produkte und das richtige Handwerkszeug gehören, in diesem Fall die kupferne Stielkasserolle. Der Koch hat es besser als der Gärtner: Das Kupfergeschirr ist teuer, das gute sogar sehr teuer. Aber es schmückt. Gibt es ein Gewächshaus für die Orangen, Limonen, Feigen oder Oleander, das den Garten ziert? Gewächshäuser muß man verstecken. Verkupfert sähe so ein Ding erträglicher aus, es wäre allerdings kaum bezahlbar. Die gängigen Aluminiumhütten und verzinkten Stahlgeripppe sind teuer genug. Nein, sie sind durchaus erschwinglich, auch noch in der Luxusausführung, dunkel eloxiert. Streicht man das Aluminiumgehäuse weiß oder grün oder gar rot, macht es gleich mehr her, besonders beim sechseckigen Pavillon. Der kann in manchem Garten dann sogar einen starken Akzent setzen. Doch als Anzuchtkrippe für die Hundertschaften von Sommerblumen oder als Treibhaus für die Früchte des Südens oder als Winterquartier für Kübelpflanzen sind solche Pavillons nicht gedacht. Von außen sind sie schön, innen ist es allerdings recht eng.

Der wahre Luxus wäre der Selbstbau aus Holz. Das fügt sich besser in die Natur, aber es ist klobig und nicht so praktisch wie die ausgeklügelten Konstruktionen aus Metall. Über den Prospekten von Kuno Krieger und den anderen Herstellern von Pflanzenunterkünften gerät der Orangenfreund weniger ins Träumen als ins Staunen über alle die nützliche Technik. Am Ende steht die Qual der Wahl, wenn nicht noch einmal die Frage. Soll ich oder soll ich nicht? Und: Wenn schon, denn schon? Jedes Gewächshaus ist am Ende zu klein.

Unsere Voreltern kannten solche Sorgen nicht. Da war dergleichen allein eine Frage des Stands und des Vermögens. Der Adel vermochte, der Fürstbischof, die Kaufmannschaft. Das Großbürgertum im vergangenen Jahrhundert hatte zwar nicht den Park für die große Orangerie oder den kleinen Kristallpalast, jedoch immerhin Platz für einen Wintergarten, der die Wohnung erweiterte. Im Wintergarten nahm man den Tee. Im Wintergarten, im Dschungel hinter der Bananenstaude, fand die Tochter des Hauses den schicklichen Ort für den ersten Kuß. Dann ließen zwei Kriege, Wirtschaftskrise und Wirtschaftswunder den Wintergarten verkümmern, verschwinden. Nun stehen wir wieder am Anfang. Jetzt gilt der Satz von 1852 aufs neue, »daß ein halbwegs bedeutender Garten eines Glashauses nicht ermangeln kann«. Er findet sich in einem Buch, das nach dem verregneten Tomatensommer und den Frostschäden des Winters mit anderen Augen studiert wird: »Glashäuser aller Art. Grundsätze und Erfahrungen über die Anlegung, Erhaltung und Pflege. Für Kunstgärtner, Gartenfreunde und Architecten« (Reprint im Bauverlag, Wiesbaden). Altmodisch in der Sprache und der dargestellten Technik, jedoch mitreißend und wahr. Das Buch ist voll von Orchideenlüsten, Ananas- und Schmetterlings-Phantasien, es verströmt den schweren

Duft der Tropen, es steckt aber voll Gartenklugheit und Leidenschaft.

Wer da blätternd und lesend kalt bleibt, wird auch mit dem »Biologischen Gartenbau unter Glas und Folie« von Wendt/Hildebrandt (Südwest-Verlag, München) nicht warm. Der muß sich mit dem Frühbeet begnügen, weil er mangels Begeisterung die Überzeugungsarbeit bei der Ehefrau nicht zu leisten vermag. Sie muß mitziehen bei der Investition in Lebenslust, sonst bleibt es eine halbe Sache. Sie sorgt sich in der Regel nicht so sehr wegen der Kosten – für das neue Auto wird ja alle paar Jahre der doppelte und dreifache Betrag geopfert, trotz des rapiden Wertverlusts. Das Hauptargument der Nachbarin gegen die Glashauspläne des Mannes lautet, sie habe keine Zeit, sich auch noch um ein Gewächshaus zu kümmern. Hat man keine Zeit, so wird man sie sich nehmen! Nein, solche Sprüche verfangen nicht. Und hätte der Gatte den nächsten Vorbereitungsschritt schon getan und etwa beim Studium von Fritz Enckes »Kübelpflanzen, Geschichte, Herkunft, Pflege« (Ulmer-Verlag, Stuttgart) und Karlheinz Rückers Kompendium »Die Pflanzen im Haus« (ebenfalls bei Ulmer) entdeckt, daß statistisch gerechnet nur zehn bis zwanzig Minuten pro Tag fürs Gewächshaus aufzuwenden sind – es hülfe ihm nicht. Sofort käme die Frage: Wann, außer im Urlaub vielleicht, bist du denn so frei, daß das Gewächshaus mit deiner Aufmerksamkeit rechnen kann? Und die bedenkliche Hausfrau würde ihm das entsprechende Kapitel im »Wisley-Gartenbuch« unter die Nase halten: »Ein leeres Gartenhaus ist ein trostloser Anblick.«

Drum prüfe, wer sich ewig bindet! Wohlfeil sind sie nicht, die Träume unter Glas. Und wenn sie köstlich sein sollen, so sind sie mit Mühe und Arbeit verbunden. Wer im Grünen träumen will, muß es ernstlich wollen – hat er auch nur ein Dutzend Tomaten oder

---

S. 178/179: Eine Orangerie besaßen einst allenfalls Fürstbischöfe und Landgrafen. Mörike hätte gern eine gehabt. Wer hindert uns, die Orangen und die Zitronen unterm eigenen Dach reifen zu lassen?

Melonen im Sinn und will den Baron von Münchhausen gar nicht übertreffen, der um 1716 in seiner Orangerie hunderteinundsiebzig Zitronenstämme und neunundvierzig Orangenbäumchen zugleich blühen und fruchten ließ. Wahrscheinlich standen damals Pomeranzen beim Herrn von Münchhausen, die indischen Sauerorangen, die mit den Arabern über Nordafrika und Spanien nach Europa gekommen waren. Die Engländer machen noch heute ihre bitterliche Orangenmarmelade aus der Pomeranze. Wir denken, wenn wir vom Glashaus träumen, nicht an saure Pomeranzen, nicht an süße Mandarinen, an Kumquats oder Blutorangen. Die können wir ja kaufen in befriedigender Qualität. Was uns fehlt, ist die reife Zitrone, die am Baum gelb wurde und noch eine Weile hängen durfte. Allein mit zwei Zitronen die Woche, von denen jede schmeckt, als sei sie gerade in Zypern selbst gepflückt, also mit hundert unvergleichlichen Zitronen im Jahr wäre doch jeglicher gläserne Aufwand belohnt!

Der Bambus lacht

»Auf eine Mahlzeit kann man verzichten, aber ein Haus muß Bambus haben. Fehlt es an Essen und Trinken, werden wir dünn. Doch ohne Bambus verlieren wir die heitere Gelassenheit.« So sagen die Chinesen. Bei uns muß der Satz (den wir in Marianne Beucherts unerschöpflichem Buch »Die Gärten Chinas« fanden) andersherum lauten: Die heitere Gelassenheit gewönnen wir gern, vielleicht kann uns der Bambus helfen.

Ach, wären wir ihm doch früher begegnet! Wie anders sähe der Garten aus. Und wie anders wären wir geworden unter seinem Einfluß. Statt dessen sitzen wir gefangen hinter Fichten, Taxus und Feuerdorn. Nicht mehr lang. Demnächst sagen wir (mit blutenden Fingern) als erstem dem Feuerdorn für immer adieu. Er darf Platz machen für eine Hecke von Phyllostachys aurea; das ist ein Bambus mittlerer Höhe, in unseren Verhältnissen wird er vier bis fünf Meter hoch. Das genügt. Als Sichtschutz. Als Augenweide. Als Unterschlupf für die Vögel. Daß sich Vögel im fast immer bewegten, schwingenden, raschelnden Bambus wohlfühlen, glaubten wir nicht, hätten wir es in Prafrance nicht erlebt.

Prafrance ist unser Damaskus, der Ort der Bekehrung, der Erleuchtung: die Bambouseraie de Prafrance, eine halbe Autostunde nordwestlich von Nîmes. Ein märchenhafter Anblick, eine märchenhafte Geschichte. Mitte des vergangenen Jahrhunderts reist ein französischer Kaufmann nach China, die Seidenraupenzucht zu studieren. Er kommt mit Bambus zurück. Er legt für die in Europa noch kaum bekannten Pflanzen einen privaten botanischen Garten an, er beschäftigt vierzig Gärtner. Und geht bankrott. Aber seine Hinterlassenschaft, die Bambouseraie, ist heute fast so etwas wie ein Weltwunder, jedenfalls ein Wallfahrtsort.

Einmal im Leben muß man dort gewesen und durch die Bambus-Allee gegangen sein, in der die Dschungel-Szenen des Dynamit-Thrillers »Lohn der Angst« gedreht wurden. Sie führt zu einem

Wald von vierundzwanzig Meter hohen Gräsern, deren Halme am Fuß sechzig Zentimeter Umfang haben. Phyllostachys pubescens heißen diese Riesen. Man meide die Ferienzeit im Sommer, weil dann auch die Besucherzahlen Rekordhöhen erreichen. Am schönsten ist es im Mai. Da brechen die Bambus-Schößlinge aus dem Boden und wachsen binnen weniger Wochen gen Himmel.

Die neuen Triebe schießen mit blattlosen Schäften wie die Spargel hervor. Während der Halm seiner im Sommer zuvor programmierten Höhe zustrebt, lösen sich Seitentriebe vom Stengel, die wieder feineres Geäst auswerfen, das sich sofort belaubt. In den folgenden Jahren wird der Stamm weder dicker noch höher, nur die Blätter werden mehr. Ist das Wachstum beendet, wird im Wurzelgrund in den neuen Teilen des Rhizomgeflechts die Kraft eingelagert für die nächste Generation von wiederum höher hinaufschießenden Rohren. Die sind meist dunkelgrün, verfärben sich bei manchen Arten mit der Zeit goldgelb (Ph. aurea) oder schwarz (nigra), sie sind gefleckt (nigra Boryana) oder gestreift (bambusoides Castilloni), sind geradschäftig oder verwinkelt oder verknotet. Die Bambusbotanik ist eine Wissenschaft, die sich außerhalb der chinesischen Grenzen gerade erst etabliert. Immerhin gibt es schon ein sehr schönes deutsches Buch von Christine Recht: »Bambus« (Ulmer-Verlag). Der Bambus kommt in Mode. Daß aber demnächst in den Vorgärten anstelle der Koniferenlangeweile überall die Bambusfahnen wehen, ist nicht zu befürchten. Der Bambus sucht sich seine Leute.

Einer von ihnen ist Wolfgang Eberts in Baden-Baden. Vor zehn Jahren, sagt er lachend, hätte er Bambus noch nicht buchstabieren können. Heute nennt er seine Baumschule »Bambuszentrum Deutschland«. Nicht zu Unrecht. Er hat fünfzig Arten und Sorten Bambus im Angebot. Seine farbige Bambusbroschüre zeigt, was es alles gibt, und vermittelt Grundkenntnisse. Bambus ist, entgegen landläufiger Meinung, keine Sumpfpflanze. Am Wasser sieht Bambus zwar gut aus, aber nasse Füße wären tödlich. Wer schweren Boden hat, muß Kies und Sand unten ins Pflanzloch füllen, damit

Bambus ist ein Gras, das mit elastischen Halmen zum Dickicht heranwächst oder gar haushoch zum Wald: kraftvolle, schwingende Gartenschönheit, auch im Winter grün

überschüssige Feuchtigkeit abziehen kann. Bambus verträgt Trokkenheit. Soll er aber gut dastehen, muß in regenarmen Zeiten dem dicht an der Oberfläche liegenden Rhizomgeflecht fleißig Wasser gegeben werden. Bambus bildet in unserem Klima meist nur Horste, die sich kaum oder viel langsamer ausbreiten, als erwartet. Nur die niedrigen Sasa-Arten wuchern wie die Quecken.

Vor allem braucht der Bambus Licht und Wärme. Deswegen wächst er in Südchina höher als bei uns. Und in Heidelberg stattlicher als an der Nordsee oder in Oberbayern. Die Sommerwärme entscheidet über Wohl und Wehe, nicht so sehr der Frost im Winter. Im extremen Januar 1985 sind uns zwar die erst im Jahr zuvor gepflanzte Phyllostachys nigra und eine propinqua erfroren, aber nur oberirdisch. Im Mai trieben beide wieder übermannshoch aus, als sei nichts gewesen. Den harten Februar 1986 überstanden sie ohne Schaden. Bambus fürchtet den deutschen Winter nicht. Allenfalls leidet er, wie alle Immergrünen, unter dem Ostwind und der Februarsonne. Am meisten bremst ihn ein kalter Juni.

Im Weinbauklima gedeiht der Bambus natürlich besser als anderswo. Doch Bilder von stattlichen Bambushainen in Dänemark und in der Schweiz, in Hamburg, München und Salzburg sollten uns Mut machen. Ein Haus muß Bambus haben. Denn der Bambus lacht. (Die Chinesen benutzen für Bambus und Lachen ein und dasselbe Wort.) Der Bambus lacht, wenn der Wind die Halme beugt. Er lacht, wenn ihn der Schnee zu Boden drückt. Lachend richtet er sich wieder auf, sobald die Last abgeworfen ist: Bambus verkörpert die Ausdauer und die Fähigkeit nachzugeben, die unsereinem so sehr fehlt.

Hibiskus in zweierlei Gestalt

Wollte ein untadeliges Mädchen im kaiserlichen China für den Harem des Himmelssohnes auserwählt werden, hatte es nicht nur von feiner Figur und aus guter Familie zu sein, es mußte auch ein Hibiskus-Gesicht haben: ein sehr edles Antlitz. In China heißt der Hibiskus fu-jung, Ruhm und Pracht. Ein angemessener Name. Hierzulande nennen ihn Unempfindliche einfach Eibisch, vormals Ibisch, das ist die eingedeutschte Form des lateinischen ibiscum, das wiederum auf ein keltisches Urwort zurückgeht – also gewiß richtig, der Eibisch, aber gar nicht charmant. Die von Linné herrührende Bezeichnung Chinarose wird der exotischen Anmut eher gerecht, wenngleich die Heimat von Hibiscus rosa sinensis in den tropischen Wäldern Indiens zu suchen ist. Der Duft der Hibiskusblüte wurde in China mit der Anziehungskraft weiblicher Schönheit in eins gesetzt. Und der Verliebte, der seinem Herzensfräulein hoffnungsvoll vom Strauch die rote Blume brach, war auf dem rechten Weg. »Wenn Regen auf Hibiskusblüten fällt«, sagt der Dichter nur halbverschlüsselt, »so öffnen sie sich zur Nacht.«

An den Hibiskus-Hybriden, die in unseren Gärten und Blumentöpfen stehen, läßt sich von der ungeübten Nase des Europäers kaum eine Ahnung von Duft erschnuppern. Das Lexikon des Großvaters meldet immerhin noch einen moschusartigen Geruch, der sich beim Erwärmen des Samens von Hibiskus abelmoschus erotisierend verbreitet habe. Abelmoschus hatte schwefelgelbe Blütenblätter über dunkelrotem Schlund; er ist aus der Mode gekommen, wie das Gelb im Garten überhaupt; auch die Parfümerien bedienen sich heute aus anderen Quellen.

In europäischen Gedichten kommt die Chinarose nicht vor, obwohl sie lange genug bekannt ist: Goethe hatte gewiß ein Exemplar am Fenster, und wenn nicht er, so die ihm endlich angetraute Blumenbinderin. Der fürstl. Sachs. Weimarische Hofgärtner Dietrich gab im Jahre 1802 in der zweiten Auflage seines Buches »Der Win-

Der Roseneibisch, Hibiscus syriacus, übersteht den deutschen Winter im Freien. Im Sommer blüht er tropisch

tergärtner« Anweisung, wie die drei damals beliebtesten Hibiskusarten in kühlen Zimmern oder warmen Kellern durch die frostige Jahreszeit in den nächsten Sommer hinüberzubringen seien.

Die englische Literatur macht den ersten Hibiskus-Gärtner schon zweihundert Jahre früher namhaft, wobei allerdings die Berichte von »Malven-Bäumen« und zwölf Fuß hohen Büschen, von denen manche den naßkalten und auch nicht frostfreien Inselwinter im Freien überstanden, nicht unterscheiden zwischen der empfindlichen Rosa sinensis und dem winterfesten Syriacus. Immerhin, die Briten hatten damals schon ihr Vergnügen an den prächtigen Malvengewächsen. Die Deutschen hatten immer noch den Dreißigjährigen Krieg zu verdauen.

Um so mehr leuchten die Hibisken nun von den Leinwänden der Urlauber. Schon am Mittelmeer finden sich neiderregende Hecken und Sträucher jener tropischen Art, die bei uns nur als gehätschelte Topfplanze zwischen Terrasse und Winterzimmer pendelt. Die klei-

neren und immer etwas bläßlich von Weiß über Rosa ins Violette spielenden Syriacus-Blüten sind ja kein Ersatz für das rotglühende Fernweh: In kalifornischen Vorgärten steht die Chinarose dreimeterhoch als Hundertblütenbaum so selbstverständlich wie bei uns die wackere Blaufichte. Auf Bali werden den steinernen Wächterfiguren vor dem Tempeltor Hibiskusblüten hinters Ohr gesteckt, auch der bucklige Halbgott auf der Verkehrsinsel in der Straßenkreuzung und der säbelschwingende Baris-Tänzer verdecken das Ohr hibiskusrot: Wo diese Blume blüht, haben böse Geister keine Chance. Gerade für eine Stunde öffnet sich der afrikanische Hibiscus trionum, meist schon am Vormittag. Er heißt darum Stundeneibisch oder Gelbe Stundenblume. Kurz, aber heftig entfaltet sich auch eine Hibiskus-Staude, die in Japan aus dem Sumpfeibisch gezogen wurde: Hibiscus moscheutos Southern Belle. Die suppentellergroßen Blüten erscheinen allerdings nur, wenn der Sommer warm, die Gießkanne fleißig und die Düngergaben kräftig waren. Im Spätherbst wird diese Staude bis zum Boden zurückgeschnitten, damit sie, mit etwas Winterschutz, im Frühjahr wiederkommt.

Das Wässern und das Düngen sind das A und O bei der Pflege aller Hibisken. Wenn die im Blumenladen gekaufte Chinarose alsbald die Knospen abwirft, wird oft der Ortswechsel verantwortlich gemacht. In Wahrheit mangelt es meist nur am Wasser, das reichlich, und am Dünger, der im Sommer wenigstens wöchentlich gegeben werden muß. So versorgt, blüht die Chinarose den ganzen Winter hindurch. Freilich, wenn sie blüht, dann wächst sie auch. Manche Gärtner arbeiten mit wuchshemmenden Chemikalien. Wir schneiden im Frühjahr vorsichtig zurück, bevor die Töpfe wieder ins Freie getragen werden an einen halbschattigen Platz. Zuviel Sonne verbrennt die Blätter, Wind schadet ihnen auch. Doch wenn Regen auf die Blüten fällt, nehmen sie es nicht übel wie der Oleander, sondern öffnen sich trotzdem – gottlob nicht erst zur Nacht.

S. 188/189: Große Syriacus-Büsche in einem portugiesischen Garten

Warum wir die Amseln füttern

Vöglein, das so gerne singt, / Warum schweigt es? / Herz, was ist mit dir geschehen, / Daß du traurig?« Das ist ein Russisches Lied, von Anton Delwig. Fast so russisch wie der Winter, der auch dem Gärtner das Stillesein verordnet. Nicht jeder Winter ist russisch. So mancher Winter verdient den Namen nicht. Der englische ist bloß die feuchtkalte Pause zwischen zwei feuchtkühlen Sommern. Der deutsche ist wechselhaft, unzuverlässig; oft zieht er sich ganz nach Reit im Winkl zurück. In den Mittelgebirgen veranstalten dann die Fremdenverkehrsämter für die verhinderten Skiurlauber Wanderungen und Bastelkurse. Im Flachland fehlt der Schnee aber viel mehr; die Gärten entraten der weißen Decke. Nackt und grau und schmuddelig faulen Beete und Rabatten vor sich hin.

Und die Amseln machen sich unbeliebt. Sie zerren das unter die Sträucher gefegte Laub wieder auf den Rasen zurück, legen mühsam eingepackte Rosenstöcke frei, reißen die Veilchen aus ihrer Verankerung, zerfleddern, was ihnen vor den Schnabel kommt. Da wäre uns der schützende Schnee schon recht. Wir könnten dann auch halbwegs guten Gewissens tun, was wir doch nicht lassen: wir könnten füttern. Grobe Haferflocken, in Sonnenblumenöl leicht angeröstet. Das lockt sie alle. Sofort sitzen drei Meisen gesellig am Brett, das Rotkehlchen wartet drüben am Holzstock, daß der Tisch frei wird; ist er frei, so macht der ängstliche Einzelgänger erst noch drei Kniebeugen, bevor er den Anflug wagt – und muß noch vor dem Futterhaus wieder abdrehen, weil die erste Amsel naht, Hausbesetzer spielen: Da werden aber nicht nur die Kleineren vertrieben, der Futterneid wendet sich auch flügenschlagend gegen jeden Artgenossen. Die Amsel erweist sich nicht erst im Winter als ein schwieriger Vogel. Sie ist kein Vögelchen zum Gernhaben. Ist sie nicht überhaupt zu plump, zu schwarz, zu selbstbewußt? So gar nicht zutraulich. Und dieses geschäftige Hüpfen auf beiden Beinen zugleich! Dieses geduckte und doch ungenierte Jetzt-komme-ich!

Eine Amsel im Schnee beweist uns den Winter schwarz auf weiß. Nun will sie gefüttert werden. Wir wissen, daß das Vogelfüttern unsinnig ist. Natürlich füttern wir doch

Wie anders die stolzierenden Stare, wie anders die akrobatischen Meisen, die bescheidenen Finken, das Rotkehlchen, der flinke Kleiber, die scheue Heckenbraunelle, der Zeisig, Gimpel, Kernbeißer, alle die Herngesehenen, denen die Amseln zeternd das Futter streitig machen!

Es ist schon ein Kunststück, die Amsel zu lieben. Ist sie denn liebenswert, diese Schwarzdrossel? Bewunderungswürdig ist sie. Wie sie, die vom Lande kommt, die aus dem Wald stammt, sich in der Stadt zurechtfindet! Wie sie dem Menschen in die ärmsten Vorgärten und Hinterhöfe folgt! Früher gab es überall Spatzen. Heute sieht man die Spatzen vor lauter Amseln nicht. Die Amsel ist zur Landplage geworden, vor allem in der Stadt. Das ist das Fürchterliche, daß wir es im kleinsten Garten nicht mit einer Amsel allein zu tun haben, sondern immer gleich mit einer Amselschar. Nein, nicht mit einer Schar, sondern mit heftig konkurrierenden Individuen, die einander unentwegt auf Distanz zu halten suchen – und zwar nicht nur die rabenschwarzen Amselhähne mit den gelben Schnäbeln, die Revierbesitzer; die dunkelbraunen, schwarzschnäbeligen Weibchen gebärden sich nicht weniger aggressiv. Amseln sind wie deutsche Touristen im Ausland: Sie erscheinen massenhaft, aber ein jeder ist verbittert über die Anwesenheit der anderen.

Die Amsel beweist schwarz auf weiß, daß es Winter ist. Aber sie ist der Frühlingsvogel: Im März fängt sie schon an zu singen. Sie macht auch den Sommer, zumindest akustisch. Sie muß uns die Nachtigall ersetzen, die seit Jahren ausgeblieben ist. Und sie kann es. Sie läßt auch ihre schönere Schwester vergessen, die Singdrossel. Diese gefleckte, schlanke Drossel gibt zwar starke Liederabende vom jeweils höchsten Wipfel herunter, aber es ist kein Verlaß auf den Auftritt der Sängerin. Eine Amsel ist immer da. Heute singt sie so und so und wiederholt sich nicht, morgen hat sie schon wieder etwas dazugelernt. Das pfeift und trillert und flötet bis in den Juli, am frühen Morgen und vor Sonnenuntergang noch mal.

»Man muß ein jegliches Wesen nach seinem Besten beurteilen«, fordert Sigismund von Radecki in einem feuilletonistischen Versuch über die Amseln, »denn wo kämen wir sonst hin?« Die Amsel singt nicht nur, sie spricht. Wer ihr demnächst wieder nachhorcht, morgens um vier zwischen Träumen und Wachen, mag sich selber hören. So möchte man reden oder schreiben können, in solch perlenden Girlanden und triftigen Trillern!

Eigentlich sollten hier Für und Wider der Vogelfütterung erörtert werden. Aber gibt es denn ein Für? Füttern ist wider die Natur. Nicht nur überflüssig, sondern schädlich, oft tödlich. Wahrscheinlich sterben mehr gesunde Vögel durch unbedachtes Futterstreuen, als schwache Genossen durch den Winter gerettet werden. Fast jeder Futterplatz ist falsch angelegt. Und wenn er gegen Nässe geschützt ist, so vielleicht nicht gegen Katzen. Und wenn das richtige Futter ausgelegt wird, nicht etwa Brotkrumen, so bietet das Futterhaus viel zuviel Platz zum Hinundherhüpfen, zum Hockenbleiben, so daß sich bald Vogelfutter und Vogelkot mischen.

Freilich darf eine großzügige Futterstelle eingerichtet werden, aber dann muß auch, vor allem bei mildem Wetter, bei Salmonellengefahr, zweimal die Woche geputzt werden, mit Bürste und heißem Wasser. Und hernach ist der Tisch von neuem zu decken. Noch der Meisenknödel darf nicht einfach an einen Ast gehängt werden, in den Regen, er soll unter Dach sein oder sein eigenes Dach haben. Die nötige Wissenschaft vermitteln Taschenbücher wie »Vögel als Wintergäste« von Otto von Frisch (Gräfe und Unzer) oder, besonders anregend, jedoch sehr englisch: »Folg ich der Vögel wundervollen Flügen« von Roger Lovegrove und Peter Barrett (dtv). Derlei Bücher sind wichtiger als ein teures Futterhaus auf Birkenstämmchen. Auch Tierliebe will gelernt sein, sonst ist es nichts als die blanke Eigenliebe, die für die Vögel lebensgefährlich werden kann.

Robert Musil hat einer seiner rätselvollen Menschengeschichten als Titelfigur die Amsel gegeben, diesen schlimmen schwarzen Vogel, der so erweckend und verstörend singt, einen Vogel, der schließlich in der Morgendämmerung im offenen Fenster sitzt: »Ich bin deine Amsel, kennst du mich nicht?«

Das Schneeglöckchen

»Ich habe Schneeglöckchen gesehen; in Gärten und auf dem Wagen einer Bäuerin, die zu Markt fuhr. Ich wollte einen Busch davon kaufen, dachte aber, es schicke sich für einen stämmigen Menschen, wie ich bin, nicht recht, nach so zartem Wesen zu fragen.« Es ist Robert Walser, der so fühlt und schreibt. Kein Gärtner. Dichter. Freilich soll es auch Gärtner und Gärtnerinnen geben, die trotz ihres mörderischen Hangs zum Pflücken, Schneiden und Ausreißen gelegentlich von einer heiligen Scheu ergriffen werden, die ihnen die Arme lähmt, und eine Blume bleibt wider Erwarten unversehrt – grade wie manche Knaben angesichts ihres Mädchens nicht das Übliche tun, sondern bloß schauen und träumen.

Die Schneeglöckchen sind wie sehr geliebte Mädchen, denen man nicht gleich zu Leibe rückt. Sie wollen bewundert und besungen sein. Die feine Blässe, die schlanke Gestalt, die sanfte Unschuld, die schamhaft sich neigt und so viel verheißt – und steht mit nassen Füßen im eiskalten Matsch.

Schauen wir uns nochmal nach dem schüchternen Herrn Walser um. Der fragt nämlich doch. »Schneeglöckchen, wovon redet ihr?« So fragt er und weiß sich, wie jeder verliebte Jüngling, die Antwort selber zu geben. »Sie reden noch vom Winter; aber auch schon vom Frühling; sie reden vom Vergangenen, doch dabei schon keck und fröhlich vom Neuen. Sie reden vom Kalten und doch schon vom Wärmern; sie sagen: Noch liegt am Schatten und auf Höhen ziemlich viel Schnee, aber an der Sonne ist er schon geschmolzen. Noch kann allerlei Rauhes daherfahren. Dem April ist nicht zu trauen.« Dem April? Robert Walser hat seine Schneeglöckchen in der Schweiz erlebt. Wir sehen die unsern schon im Februar, in bösen Wintern schlimmstenfalls im März. Die unsern, das meint dieselbe, die heimische Art, Galanthus nivalis, die auf abgelegenen Wiesen blüht, in hellen Laubwäldern und seit Vorzeiten auch in den Gärten. Die botanische Wissenschaft und die Staudengärtnereien kennen

Sind die Schneeglöckchen da, ist der Winter noch nicht gegangen, aber der Frühling kommt

noch ein Dutzend anderer Arten, die aber alle in Europa und im westlichen Asien zu Hause sind, in Südrußland, im Kaukasus, in der Türkei, in der Ägäis. Einige kommen im milden Klima so spät wie Walsers schweizerische Milchblume – so heißt das aus dem Griechischen abgeleitete Galanthus auf deutsch. Das vom Peloponnes stammende Glöckchen reginae-olgae, das man auch auf Korfu und Sizilien trifft, blüht schon im September und Oktober, corcyrensis im November.

Schneeglöckchen im Herbst? Ganz ohne Schnee? Galanthus ikariae dagegen entfaltet sich spät, erst auf Ostern zu. Es ist auf der warmen Insel Ikaria zu Hause, wo Daedalus den Ikarus begrub. Ein Schneekind wiederum ist Galanthus elwesii, das besonders große und hochgestielte Glöckchen aus den kalten Gebirgen Kleinasiens, das schon im Januar zu blühen beginnt. Wer sich einen Überblick verschaffen will über die Besonderheiten und Ansprüche aller Arten und der gängigen Gartensorten, hat zwei gewichtige Bücher zur

Wahl, die beide im Ulmer-Verlag erschienen sind: Die »Zwiebel- und Knollengewächse« von Reinhilde Frank und das lexikalische Handbuch der »Freiland-Schmuckstauden« von Jelitto/Schacht/Feßler. Nein, nicht zur Wahl. Man darf sie, Bücher sind keine Frauen, ungeniert beide haben, beide studieren. Da finden sich Schneeglöckchen mit gelben Flecken und, unvermeidlich, Züchtungen mit gefüllten Blüten – »ich hoffe«, beschwor schon vor Jahrzehnten Vita Sackville-West die Leserinnen ihrer wöchentlichen Kolumne im Observer, »ich hoffe, daß sich niemand für sie entscheidet; die Schönheit liegt in der reinen Linie der einfachen Glocke«.

Schneeglöckchen blühen immer überraschend, immer wieder früher als je, und sie blühen lang. Seufzend setzt der deutsche Gartenschriftsteller Karl Foerster hinzu: »Aber nie lang genug!« Und dann bildet sich eine Falte auf der Stirn des Gartenprofessors und Gartenerziehers, der Foerster vor allem war: »So hat man das zauberhafte kleine Heldengewächs gern in allerlei Varianten und freut sich über die Streckung des Blütenflors, ärgert sich aber immer über die vielen Schneeglöckchentrupps in den Gärten der Welt, denen die nötige farbige Blütennachbarschaft versagt wird.« Gewiß, wenn die Jungfräulichkeit in Massen auftritt, kriegt sie leicht was Klösterliches, das den Liebhaber schreckt. Vielleicht, so möchte unsereins einwenden, ist das ungestörte weiße Wehen im Wind am Ende doch aufregender als jede noch so klug zusammengestellte bunte Gesellschaft. Wer dürfte, wer könnte denn die Jungfer im Hemd blühend begleiten? Zuerst der gelbe Winterling, das Veilchen natürlich, vielleicht auch Krokusse in einigem Abstand, dann der Märzenbecher, Primeln, Scilla, Zwiebeliris. Und so weiter. Es gibt da übrigens noch ein anregendes Buch, auch bei Ulmer, eine Lizenz aus Leipzig: »Narzissus und die Tulipan. Über alte und neue Blumenzwiebeln« von Wolf-Dieter Kaiser und Rainer Vetter. Hier sind, der Titel deutet es an, Streiflichter in die Pflanzen-Kulturgeschichte zwischen Naturbeobachtung und Gartenerfahrung gesetzt: Frühlingsabenteuer mit historischen Zwischenspielen.

So unempfindlich das Schneeglöckchen, das kleine Heldengewächs, gegen die Kälte des Spätwinters ist, so gefährdet sind die dünnhäutigen haselnußgroßen Zwiebeln, wenn sie später bei der Teilung des Mutterstocks an die Luft kommen. Sie trocknen rasch aus. Also schnell wieder in die Erde! Aber nicht zu tief. Der Boden, unter lichten Laubgehölzen, soll im Winter feucht und im Herbst trocken sein. Die Schneeglöckchen sind, wie fast alle Frühlingsboten, sonnenhungrig. Deswegen fühlen sie sich sogar im Rasen wohl, unter offenem Himmel. Dann darf aber nicht unentwegt gedüngt werden, sonst gibt es bloß viele Blätter, kaum Blüten.

Ob es der rechte Platz ist, den die Schneeglocken im Garten gefunden haben, erweist sich erst nach Jahren. Da ist kein Unterschied zwischen den Blumen und den Menschen. »Nur hübsch ausharren«, rät Robert Walser. »Das Gute kommt schon. Gutes ist uns immer näher, als wir glauben. Geduld bringt Rosen. Dieser alte, gute Spruch fiel mir ein, als ich letzthin Schneeglöckchen sah.«

Die sehr verschiedenen Hartriegel

Es gibt Menschen, zu denen wir, trotz aller Nähe, trotz starker Sympathie, über Jahre hin nicht das richtige Verhältnis finden. Irgend etwas bleibt unstimmig. Die gleiche Erfahrung kann man mit Pflanzen machen. Und es war doch Liebe auf den ersten Blick: ein feiner Stich in der Brust, dann jenes unerklärliche Gefühl des Wiedererkennens, des Wiederfindens von Vertrautem in der Gestalt der Fremden. Cornus kousa heißt sie, die natürlich aus dem Osten kommt. Breitschultrig saß sie da im roten Herbstjakkett, in der Glut ihres Laubs, saß da im Rund großer Parkbäume und leuchtete dem überraschten Betrachter entgegen. Cornus kousa, das ist ein vielleicht vier Meter hoher und ebenso breiter Strauch, ein vielstämmiger Baum mit aufstrebenden Ästen, die sich waagerecht verzweigen. Cornus kousa, das ist der Japan-Hartriegel, einer jener Blumenbäume, die im Frühling oder Frühsommer noch schöner sind als im Herbst, weil sie sich da in der weißen Bluse zeigen. Cornus kousa also sollte es sein. Daß sie eine noch prächtigere Schwester hat, Cornus kousa chinensis, erfuhren wir erst später. Die Japanerin sollte den Vorgarten schmücken, sollte über den Kies und die Findlinge hinweg die Zweige breiten, auf denen im Juni die großen Blumen, die vierblättrigen weißen Sterne erscheinen.

Die freundliche Kollegin, die damals den teuren Strauch wunschgemäß zum Einzug schenkte, muß sich gewundert haben, daß sie nach der Bestätigung des gesunden Austriebs nie wieder etwas von ihrer Pflanze gehört hat. Die überstand zwar trockene und nasse Sommer, kalte und sehr kalte Winter, wuchs auch allmählich heran, doch sehr zögernd, ans Blühen dachte sie gar nicht. Im sechsten Jahr war es nicht mehr zu übersehen: Sie fühlt sich nicht wohl an ihrem Platz. Außerdem schwemmten ihr Gewittergüsse den Kalk aus dem umgebenden Kies an die Wurzeln; sie liebt es aber sauer. Obendrein mußte sie immer wieder hören, sie passe doch nicht

neben die ausladende Weide, die schon aus Vorzeiten auf dem Grundstück steht und als Hausbaum akzeptiert wurde.

Also umpflanzen. Auf die andere Seite des Hauses, vor die Westwand. Und siehe, dort ging sie stracks in die Breite und in die Höhe, dort legte sie dankbar los, obwohl sie zuvor arg geschunden worden war. Wegen des Gewichts ihres flachen, aber umfangreichen Wurzelballens war sie vom Auto mit dem Abschleppseil aus dem Pflanzloch gezogen und gehoben worden, damit ihr die Schubkarre untergeschoben werden konnte.

Kaum hatte sie sich mit dem neuen Platz befreundet, brach bei uns das Bambusfieber aus. Nun war sie da, wo sie gerade glücklich Fuß faßte, dem Aufmarsch von Phyllostachys aurea im Weg. Wieder wurde ihr ein Seil um den Hals gelegt, das Auto auf die Terrasse gefahren. Doch jetzt leistete sie Widerstand: Das könnt ihr nicht machen mit mir! Nun bin ich zu groß und zu schwer! Tatsächlich, die Räder drehten durch. Das Seil riß. Die Schubkarre kippte. Aber der Gärtner und vor allem die Gärtnerin können hartnäckiger sein als eine schwierige Dame aus Fernost. Mit Hebeln, Bohlen und Rollen wurde sie im Laufe eines langen Apriltages an den neuen, dritten und endgültigen Standort geschafft, in Lauberde und Torf gebettet, mit Kompost, Hornspänen und Rinderdung versorgt und oft gewässert. Nun sitzt sie über dem Bach, neben den Rosen, sitzt gut, schmollt nicht, nimmt nicht übel, sondern wächst, als wolle sie, wenn nicht in diesem Juni, so im nächsten, endlich erblühen.

Vielleicht ist Eifersucht im Spiel. Denn am gegenüberliegenden Hang wurde im November ein noch sehr kleiner Strauch gepflanzt, der seine drei Zweige im April sofort mit fünf besonders großäugigen Blüten zu schmücken vermochte: Cornus nutallii. Auch ein Blumen-Hartriegel, der auffälligste von allen, ein schnelles, leichtfertiges Kind des Westens, aus Nordamerika gebürtig. Freilich ist es ganz falsch, von großäugigen Blüten zu schreiben. Die Blüten

---

S. 200/201: Im Sommer, wenn das große Blühen vorbei ist, färbt der Japan-Hartriegel tausend Hochblätter fast weiß, als seien es Blüten

Im Herbst, wenn die Vögel die dunklen Beeren von Cornus alba fressen, dem heimischen Hartriegel, färbt der Japan-Hartriegel tausend runde Früchte erdbeerrot, aber keine Amsel geht ran

sind winzig. Was sich da so sensationell entfaltet, und worauf wir bei der kousa bisher vergebens warten, sind Brakteen, weiße Hochblätter, die sich um den Blütenstand gruppieren. Wäre demnächst wirklich so etwas wie ein leistungssteigerndes Konkurrenzverhältnis zu beobachten, so könnte es auch mit der alten Dame zu tun haben, Cornus alba, die wie die Weide schon auf dem verwilderten Grundstück stand, als wir hier einzogen. Dieser heimische Hartriegel, der wohl einst mit den Hunnen aus Nordasien kam und halb Europa eroberte, prunkt nicht mit blumigen Scheinblüten, sondern lockt die Bienen mit gelblich-weißen Dolden, wie Holunder, nur kleiner, feiner. Diese stattliche alba ist unsagbar schön, wenn ihr das letzte Abendlicht im verlöschenden Garten ein weißes Feuer wie von innen heraus entzündet. Wir lieben sie auch deshalb, weil sie den Meisen, Finken und Rotkehlchen im Winter als Klettergerüst dient, sommers als Unterschlupf; und im Herbst werden die blauschwarzen Beeren von den immer hungrigen Amseln gepickt. (Die großen erdbeerroten Früchte der Blumen-Hartriegel rührt kein Vogel an.)

Warum die Hartriegel so heißen, wird verständlich, wenn wir einen Zweig schneiden. Aus dem harten Holz schnitzten die Griechen ihre Wurfspieße, und vor Troja bauten sie daraus das hohle Pferd. Es war Holz von Cornus mas, der Kornelkirsche, dem Vorfrühlingsboten mit den gelben Blütenbüscheln an den noch nackten Zweigen; Goethe kannte noch keine Forsythien, statt dessen hatte er eine Kornelkirschenhecke im Garten hinter dem Haus am Frauenplan. Die wichtigsten Arten und Sorten der so verschiedenen Hartriegel, der bescheidenen heimischen und der prächtigen fremden, sind bei Andreas Bärtels in den »Gartengehölzen« beschrieben (Verlag Eugen Ulmer, Stuttgart). Etwas ganz Besonderes ist Cornus canadensis, der Zwerg-Hartriegel, kaum höher als zwanzig Zentimeter, aber auch mit weißen Blumensternen und rotem Herbstlaub, den wir als luxuriösen Bodendecker zwischen die Rhododendren setzen.

Es gibt Pflanzen, mit denen wir erst nach Jahren vertraut werden, für die wir spät den Platz finden, im Garten und im Herzen.

Tomaten müssen reifen

Über die flachen Stücke großer Fleischtomaten streue ich frischen Thymian, lasse die Pfeffermühle stehen, aber das Salzfaß tanzen, mit Maßen, überziehe alles dünnfädig kreuz und quer mit Olivenöl, nachdem einige Knoblauchzehen scheibchenweise darüberhingeworfen wurden. Lucie, die Nachbarin, sagt dazu nur ein Wort: barbarisch. Denn sie gibt Zwiebelringe über die Tomatenscheiben und übergießt mit einer Vinaigrette, in der Knoblauch kaum sichtbar vorkommt, millimeterfein gehackt, als Spurenelement. Lucie hat uns allerhand voraus an Gartenerfahrung und Küchenwitz. Was uns verbindet, ist die Lust an der reifen Tomate – frisch, gedünstet, überbacken, im Salat und als Gemüse, als Sauce oder geeiste Suppe.

An der Tomate ermessen wir unser Glück. Nicht nur das Glück eines großen Sommers. Auch: Daß wir Zeitgenossen des ausgehenden zwanzigsten Jahrhunderts sind. Drei Generationen vor uns war die Tomate in Deutschland kaum den Italienreisenden und den Feinschmeckern als eßbar bekannt, auch ihnen eher vom Hörensagen. Zwar ist diese alte indianische Kulturpflanze nach der Entdekkung Amerikas gleich mit den ersten Silberschiffen aus Mittelamerika herübergekommen, gegessen wurden ihre Früchte jedoch nur am Mittelmeer. Nördlich der Alpen hat man sie bloß als Paradiesäpfel bestaunt; die Tomate wurde zur Zierpflanze erhoben, zugleich als giftig gefürchtet und deshalb von Medizinern zu Salben und Essenzen für jederlei Gebrechen verwendet. Und noch zu Kaiser Wilhelms Zeiten meldet ein Appetitlexikon erstaunt: »In Spanien verspeist man die Tomate sogar roh.« Was gibt es denn Schöneres, als abends, aus dem Büro ins Leben zurückgekehrt, im Gemüsegarten an die sonnenwarmen Früchte zu gehen – nicht an die pfundschweren Fleischtomaten, sondern die kleinen, runden Sorten von Liebesäpfeln: Aperitif zu einem Spätsommerabend.

Denn natürlich ist der Tomatengärtner gut sortiert. Elf, zwölf

Sorten, Abwechslung macht Spaß. Darum wundert er sich über den Satz, den die verehrte Margot Schubert in ihrem Standardwerk »Im Garten zu Hause« tatsächlich geschrieben hat: »Eigene Anzucht kaum lohnend. Man kauft fertig vorgetriebene Setzlinge.« Um Gottes Willen: Wer weiß denn, was er da kauft? Außerdem ist es ein rechtes Ostervergnügen, aus deutschen und kalifornischen Samentütchen Winzigkeiten zu entnehmen, vierhundert Samen wiegen noch nicht ein Gramm, und von den schließlich ausgewählten Sorten je zwei zum Keimen zu bringen: Burpee's Early Pick und Northrup's Better Girl zum Beispiel. Unsere am Südfenster gehegten und an warmen Frühlingstagen auf der Terrasse gehärteten Pflanzen haben nach den Eisheiligen, wenn es endgültig ins Freie geht, ins Kompostbeet, einen unübersehbaren Vorsprung an Saft und Kraft. Sie blühen schon. So ernten wir von Mitte Juli an und nicht erst im September wie mancher, der meint, die Natur überlasse man am besten sich selber.

Die Tomate ist eine anspruchsvolle Geliebte, am ersten Tag und alle Tage. In voller Sonne will sie stehen, in trockener Luft, aber nicht im Wind. Temperaturen unter zehn Grad schockieren sie nachhaltig. Der Boden soll tiefgründig locker sein und sehr nahrhaft, der Dünger reichlich, aber organisch. Die Blätter darf nur der Regen benetzen, nicht die Gießkanne, doch die Wurzeln wollen es gleichmäßig feucht. Wer das Gießen vernachlässigt, dem platzen die Früchte, sobald es wieder naß wird. Das Aufbinden und das Ausbrechen der Geiztriebe versteht sich von selbst. Von Mitte August an werden neue Blütenstände entfernt, fünf sind genug, was danach kommt, reift nicht mehr und kostet die Pflanze nur Kraft. An einem Tag, der keine dieser Handreichungen erfordert, ist die Mulchschicht aus Grasschnitt oder Stroh zu renovieren, weil sie schon wieder von den Amseln auseinandergenommen wurde.

S. 206/207: Viele Früchte sind des Gärtners Stolz. Hat aber der Tomatenstock noch genug Zeit, alle diese Grünlinge zur Reife zu bringen?

Wie die Gute, die Süße sonst noch bei Laune zu halten ist, erklären viele Gartenbücher, am genauesten sagt es »Der Nutzgarten« von Hermann Link und Winfried Titze im Ulmer-Verlag. Wie die aromatische Süße jedoch zustande kommt, die wir bei den gekauften Tomaten immer vermissen, nicht nur bei den Scheintomaten aus holländischen Treibhäusern, auch bei den vergleichsweise geschmackvollen Freilandfrüchten aus dem Süden, weiß die Wissenschaft offenbar noch nicht so ganz. Gewiß ist nur, daß das kalte Nachreifen der für den Transport immer zu früh gepflückten Früchte dem Ausreifen am Stock nicht gleichkommt. In den entscheidenden Tagen, wenn die Frucht rot wird, werden Säuren abgebaut, auch das giftige Solanin, das dann nur noch in Resten am grünen Stielansatz bleibt, Zucker bildet sich (in einem guten Tomatenjahr schmecken alle Sorten süßer), und allerhand ätherische Substanzen finden sich ein: hundertundachtzehn solcher flüchtigen Aromastoffe wurden an einer Frucht identifiziert. Sie vor allem geben der Gartentomate den unvergleichlichen Geschmack.

Was aber machen wir mit den Früchten, denen nach einem gewöhnlichen deutschen Sommer der kalte Herbst viel zu früh kommt? Wir können sie nachreifen lassen wie die Händler. Das Ergebnis ist das gleiche: armselige Geschmacklosigkeit. Also lieber gleich in Gläser schichten, mit je ein paar Gabelstichen gelöchert und einigem Salz versehen. Zwei Tage später Essig mit etwas Zukker, Nelken, Senfkörnern und Pfeffer erwärmen. Meerrettichstücke zwischen die Tomaten schieben, den abgekühlten Sud darüber, Gläser schließen. Nach vierzehn Tagen sind diese Tomaten brauchbar als Beigabe zu deftiger Hausmannskost. Brauchbar, mehr nicht. Köstlich ist die Tomate leider nur, wenn sie beizeiten am Stock errötet ist.

Wer war die Kameliendame

Leidenschaft ist immer unsittlich«, belehrt uns Adalbert Stifter, der ein Österreicher war, aber ein sehr deutscher. Ein Mann mit der Uhrkette überm Bauch, der den Nachsommer zu seiner Jahreszeit erhoben hat, beileibe nicht den Frühling. Denn der Frühling, der die Blüten öffnet und die Blusen, ist schlimmer als der samenschleudernde Herbst, er ist das eigentlich unsittliche Quartal. Im Frühling fängt alles an. Darum wird er so ungeduldig erwartet.

Hat er nicht schon begonnen? Draußen regen sich bald die kleinen, kalten Schneeglöckchen, drinnen zeigen sich schon die großen weißen Blumen der Leidenschaft, die Kamelien. Freilich sind sie oft rot; rot wie Blut, rot wie die Liebe. Ach, selten leuchten sie noch sittsam weiß oder im satten Ton dunklerer Gefühle; seit Jahrhunderten sind die Züchter am Werk, die Naturverbesserer. Bevor wir über die Ergebnisse ihres Eifers lächeln oder lästern, über die vielen tausend gefleckten und gestreiften, geränderten oder gefransten Aufplusterungen in Lachsrosa oder Pink, wenden wir uns noch mal der unvermischten Liebe zu und einem besonders unsittlichen Fall von Leidenschaft. Das Mädchen heißt Marguerite, der junge Mann heißt Armand.

»Marguerite fehlte bei keiner Premiere.« Auf der Brüstung ihrer Parkettloge lagen dann stets ihr Opernglas, ein Beutel mit Näscherei und ein Strauß Kamelien. »Fünfundzwanzig Tage nacheinander waren es weiße Kamelien und fünf Tage lang rote. Niemand verstand«, so behauptet Armand Duval oder Alexandre Dumas, »warum die Farben auf diese Weise wechselten.«

Die Rede ist von Marguerite Gautier, der rührend hochherzigen Kokotte, die Dumas als die Kameliendame unsterblich machte. Dumas, der Sohn. (Vom Vater haben wir den Grafen von Monte Christo und die drei Musketiere.) Die Kameliendame ist kein Kind der Phantasie. Dumas hat sie zuerst im Roman 1848, und ein paar Jahre später

Die japanische Kamelie ist weiß oder rot, wie die Blumen der Kameliendame auf der Brüstung ihrer Theaterloge

fürs Theater nach dem Leben beschrieben. Alphonsine Plessis kam 1840 als kaum Sechzehnjährige vom Land in ein Schneideratelier nach Paris, liebte Liszt und hatte dann, neben anderen, auch eine Affäre mit dem jungen Dumas. 1847 wurde sie, im Alter von dreiundzwanzig Jahren, auf dem Friedhof von Montmartre begraben. Sie hat von der Liebe gelebt und ist an der Schwindsucht gestorben.

Auch die Kamelien, die marmornen ausgenommen, die ihren Grabstein deckten, auch die Kamelien sind empfindliche, oft zu frühem Tod verurteilte Geschöpfe. Die als winterhart ausgewiesenen Sorten überdauern in deutschen Gärten nicht jeden extremen Frost, nicht beliebig viele Temperatursprünge von Bitterkalt ins Vorfrühlingshafte. Wer sich auf die Kamelie kapriziert, muß wissen, daß er sich auf ein Verhältnis einläßt, dem einiges entgegensteht. Sonst mag es ihm gehen wie jenem Armand Duval: Am Anfang jubelt das Herz, doch bald wird die Sache schwierig.

Wo denn kann sich diese Liebe entfalten? Sollen wir die anspruchsvolle Schöne aus dem Osten in die Wohnung aufnehmen? Das geht gewiß schief, falls es da nicht ein ungeheiztes Nebenzimmer gibt und so hohe Luftfeuchte, daß es die Tapeten von den Wänden zöge. Ein kleingärtnerisches Gewächshaus oder ein großbürgerlicher Wintergarten wären der rechte Ort. Die Kamelie liebt das Licht, aber nicht die pralle Sonne, sie braucht das Gleichmaß der Temperatur. Plötzliche Erhitzungen mag sie nicht. Kühl will sie stehen und feucht, wie Azaleen und Rhododendren in schwach saurer Erde, kein Kalk im Boden, kein Kalk im Wasser.

Ist der Wintergarten immer noch nicht angebaut, muß das Risiko im Freien eingegangen werden, wenn es denn ein halbwegs geschützter Garten ist, nicht einer, durch den der Ostwind schon im Oktober pfeift. »Und sollte ich«, fragt Marianne Beuchert, die lächelnde Gärtnerin, »auf zehn Jahre des Glücks verzichten, nur weil ich weiß, daß im elften der Frost die Liebe tötet?« Er muß sie gar nicht töten, sofern wir unsere Kamelie richtig nähren und schützen. Ratschläge und eine Auswahl wintererprobter Pflanzen gibt es nicht in jeder Gärtnerei, aber die Baumschule Huben im badischen Ladenburg führt ein breites Sortiment, vor allem jedoch Peter Fischer in Wingst bei Cuxhaven, der siebzig Sorten anbietet, darunter ein gutes Dutzend, das im laubgefütterten Strohmantel auch über sibirische Perioden hinweggerettet werden kann.

Siebzig Kamelien im Katalog, das ist viel in unseren Tagen. (Die Dresdner Gärtnerei Seidel führte zu Zeiten der Kameliendame tausend Sorten.) Noch dankbarer sind wir dem norddeutschen Kameliengärtner dafür, daß er seine Erfahrungen in einem Buch von hundertzehn Seiten zusammengefaßt hat, dem ersten in deutscher Sprache (Peter Fischer: »Kamelien«, Verlag Fröhlich, Celle). Hier wird mit Vorurteilen aufgeräumt, auch mit dem, daß Züchter nur rosaroten Unsinn fabrizieren, die vermeintlichen Launen der Geliebten werden verständlich und die Familienverhältnisse überschaubar.

Ihren sanften Namen haben die Kamelien übrigens nicht von einer chinesischen Himmelstochter oder einer französischen Näherin, sondern von einem Herrn Kamel, Georg Joseph Kamel, Jesuit seines Zeichens, aus Brünn gebürtig, der zu Anfang des achtzehnten Jahrhunderts als Camellus weniger eine Missions- als eine Forschungsreise auf die Philippinen unternommen hatte und dann die Ernte seines zehnjährigen Botanisierens an Seeräuber verlor. Linné ehrte den betrogenen Pflanzensammler, indem er den bescheidenen Teestrauch und seine großblumigen Verwandten nach ihm benannte: Camellia sinensis, Camellia japonica und alle die anderen porzellanhäutigen Schönheiten.

Schön ist jede, die geliebt wird. Die Kamelie wird geliebt, weil sie so schön ist. Sie ist das scheue Objekt unserer wiedererwachten Begierde. Sie war die Favoritin eines vergangenen, großherzigen Jahrhunderts. Dann erfanden sich die Biedermeier die Schutzbehauptung: »Sehr seltene Blumen, wie schön sie auch sein mögen, sind nicht geeignet für den Garten, da Ungewöhnliches nur bei gewöhnlichen Leuten in Gunst steht.« Wir stehen zu unserer Gewöhnlichkeit und halten uns an ein anderes Wort aus jener Zeit. Der revolutionäre Gutzkow fordert, gegen den kleinmütigen Stifter: »Schämt euch der Leidenschaft nicht!«

Der Wilde Wein kann uns retten

Ich verstehe die Schöpfung nicht«, klagt der Don Juan des schweizerischen Dramatikers Max Frisch: »War es nötig, daß es zwei Geschlechter gibt?« Man muß kein Wüstling sein, auch kein Schweizer, und wird doch seufzend beipflichten. War es nötig? Und war es auch noch nötig, das weibliche Geschlecht mit der Angst vor Spinnen auszustatten? Als wir Männer uns vor einigen Jahren Mut machten, Mut zum Efeu, scheiterte der Wille zur Hausbegrünung wenn nicht gleich an der Spinnenfeindlichkeit, so an der Sorge mancher Hausfrau, die Vögel könnten stören, die dann im Blätterpelz nisten (und die Spinnen vertilgen). Und wolle solch ein grüner Vorhang nicht gepflegt sein, gewässert, gedüngt, beschnitten? Aber von wem denn? Etwa vom Mann, der ins Büro enteilt? So blieb ringsum alles beim alten. Nein, gewiß ist es nicht der passive Widerstand der Frauen allein. Es liegt auch an der Entschlußlosigkeit, am Herdentrieb der unsicheren Männer. Wer mag sich schon gegen die Mode, gegen den Zeitgeist versündigen? Noch nie wurde uns das Rasieren so leicht gemacht, doch jetzt muß sich ein strebsamer Mensch bärtig zeigen, zumindest schnurrbärtig. Die Gesichter müssen zuwachsen, aber Häuser, dürfen die einen Bart haben?

Noch nie war so unbestritten, daß eine bewachsene Hauswand auch bauphysikalisch besser dasteht, weil sie trocken bleibt und weniger Wärme verliert, doch jetzt müssen die Leute ihr Sichtmauerwerk zeigen oder den farbigen Kunststoffputz oder eine traurige Schiefer-Verkleidung. Die Grünen sind zwar auf dem Vormarsch, und mancher hängt sich ein grünes Mäntelchen um, aber die Häuser bleiben so nackt, wie der Architekt sie schuf. Nur auf den Urlaubsbildern werden enthusiasmiert verwunschene dänische Arbeiterhäuschen vorgeführt, französische Villen, englische Landsitze und Cottages, denen das Blätterkleid allemal etwas Anheimelndes gibt, sei es aus strengem Efeu, ungeniert wucherndem Knöterich oder dem freundlichen, dem farbigen Wilden Wein.

Im Herbst reift der Wein, und die wilde Jungfernrebe errötet

Der Wilde Wein hat es bei uns noch schwerer als der Efeu. Auf den grünen Sommer folgt zwar der goldene Oktober, doch dann läßt der Wein die Blätter fallen. Laub ist lästig. Wer den botanischen Namen nicht kennt, Parthenocissus, sucht beim Buchstaben W vergebens im Register vieler Gartenbücher, weil deren Verfasser auf die Bezeichnung Jungfernrebe eingeschworen sind. Andere reden zwar vom Wilden Wein, daneben aber auch vom Jungfernwein oder von Engelmanns Wein. Wieder andere unterscheiden nur zwischen dem Wilden Wein und dem Selbstklimmer. Das sieht nach babylonischer Verwirrung aus. Es ist jedoch ganz einfach: Von den fünfzehn Arten der Gattung Parthenocissus sind nur zwei wichtig für den Amateurgärtner beim Besuch der Baumschule, und zuvor beim Studium der Bücher, die beide sowieso meist nicht mehr bieten als: Quinquefolia und Tricuspidata. An der Mauer mögen sie dann Jungfernrebe heißen, wenn es beliebt, oder eben Wilder Wein. Das Kunstwort Selbstklimmer wird aber hoffentlich von selbst wieder verschwinden.

Auf dem Foto röten sich hängende Ranken von Parthenocissus quinquefolia. Sie stammt aus Nordamerika und hat fünfteilige Blätter, wie der lateinische Name sagt. Auch sie steigt an Mauern hoch, zehn Meter und mehr, doch lieber hält sie sich an Gerüste und Pergolen, an Vordächer, Gartenlauben und Zäune. Mit mehr Haftscheiben an den Ranken ist die Sonderform Engelmannii ausgestattet. Diesem Engelmanns Wein ist keine Mauer zu glatt und kaum eine zu hoch. Im Herbst leuchtet er um eine Spur feuriger.

Die andere Art aber heißt Parthenocissus tricuspidata. Sie kommt aus China und klettert mit kräftigen Haftorganen noch besser. Deswegen: Selbstklimmer. Die ziemlich großen Blätter sind dreilappig. Zierlicher ist die Sorte Veitchii, die allerdings auch zwölf Meter Höhe gewinnen kann, ohne jede Kletterhilfe. Sie wird als robust, ja »industriefest« gerühmt. Was der Cotoneaster in der Horizontalen leistet, schafft sie in der Senkrechten: große Flächen schnell und zuverlässig zu bedecken, zu bemänteln, zu überpelzen. Das Krankenhaus Jungfernheide in Berlin hat sich mit dieser Jungfernrebe von oben bis unten ein gesundes Aussehen gegeben.

Wer sich kundig machen will über die Kletterer, die auch gute Bodendecker abgeben für Böschungen oder problematische Vorgärten, nimmt die »Gartengehölze« von Andreas Bärtels zur Hand (Verlag Eugen Ulmer, Stuttgart), vielleicht auch »Kreuzers Gartenpflanzenlexikon«, den ersten Band (Gartenbuchverlag Johannes Kreuzer, Tittmoning). Will sich einer obendrein ideologisch bestärken und physikalisch rüsten lassen, so empfiehlt sich die gegenüber ähnlichen Broschüren hervorragende Darstellung »Häuser mit grünem Pelz. Ein Handbuch zur Hausbegrünung« von Gernot Minke und Gottfried Witter (Verlag Dieter Fricke, Frankfurt); da möchte man freilich gleich mehrere Häuser versorgen, bei so viel Anregung.

Statt mit Jungfernreben läßt sich eine tote Mauer natürlich auch mit Tokaierreben beleben, mit Riesling und Silvaner. Statt mit dem

---

S. 216/217: Wilder Wein bekleidet Mauern und läßt Vorhänge fallen

Wilden Wein mit dem lieblichen Wein. Der steigt allerdings nicht so schnell drei Stockwerke hoch und übers Dach. Und dieser Wein braucht kein kräftiges Rankgerüst. Seine süßen Beeren müssen vor den Amseln mit Netzen geschützt werden, wenn man selber ernten will – und wer wollte das nicht. Der Wein, das ist ein anderes Kapitel. Und das wäre dann wirklich Männersache. Oder?

China in deutschen Gärten

Voltaires Candide zieht sich aus dem Getümmel der besten aller Welten auf seine Meierei zurück, den Garten zu bestellen, bloß noch um den Kohl sich zu kümmern. Als Konrad Adenauer sich zurückzog, die Memoiren zu diktieren, hatte er außerdem noch den Garten in Rhöndorf, er hatte seine Rosen. Als sich Wang Hsien ch'en aus der Politik zurückzog, offenbar vorzeitig, stand ihm ein morastiger Ort zur Verfügung. Er ließ das Sumpfland trockenlegen, das Wasser begrenzen, Inseln schaffen, Brücken schlagen, Steine setzen, Bäume pflanzen, Zickzackwege anlegen und Hügel aufwerfen, die Anhöhe der fernen Gedanken zum Beispiel, er ließ Pavillons bauen und den Turm der Träume. Es war ein Garten des sechzehnten Jahrhunderts, ein Garten für Dichter.

Weil Herr Wang gesagt haben soll: »Diesen Garten habe ich zur Erinnerung an meine politischen Fehlschläge angelegt«, heißt der Park in Sutschou heute noch, obwohl viele Male umgestaltet und verkleinert, der »Garten des erfolglosen Politikers«. Heißt er wirklich so? Meint die Bezeichnung Cho cheng yüan nicht etwa doch: Garten der Politik des einfachen Mannes? Oder des ehrerbietigen Verwalters? Oder der törichten Beamten? In englischen und deutschen Büchern werden noch mehr Varianten angeboten, woran nicht ein Unvermögen der Übersetzer Schuld trägt, sondern die Vieldeutigkeit der chinesischen Sprache. Noch vieldeutiger, offen für manche Spekulation, sind die Gärten selber; voller Rätsel für Chinesen nach Mao, erst recht für Europäer.

Immerhin können wir die Rätsel jetzt besichtigen, studieren. Im Frankfurter Bethmann-Park zum Beispiel haben chinesische Gartenmeister einen imposanten Gelehrtengarten um einen Teich herum angelegt. Zum Schauen und Staunen. Beim Diederichs-Verlag in Köln brachte die Frankfurter Floristin Marianne Beuchert ein Vielhundertseitenbuch heraus: »Die Gärten Chinas«. Zum Staunen und zum Verstehen. Soweit eben möglich, soweit christianisierte

Germanen taoistische Chinesen verstehen können. »Indem wir Blumen pflanzen, laden wir die Schmetterlinge ein; indem wir Kiefern pflanzen, den Wind; wenn wir Bananen pflanzen, den Regen, und wenn wir Weiden pflanzen, laden wir die Zikaden ein.« Das ist uralte Gartenweisheit, freilich keine deutsche; nicht allein die Bananen deuten es an. Es ist eine chinesische Erfahrung. Und es ist die poetische Ausdrucksweise des Fernen Ostens. Deutschen Gartenarchitekten reden anders. Ihre chinesischen Kollegen früher (die heutigen müssen sich immer noch von der Kulturrevolution erholen) waren zugleich Landschaftsmaler; das dichterische Wort, das verdichtende, stand dem Gebildeten im Reich der Mitte selbstverständlich zu Gebote. Wie selbstverständlich, erfahren wir aus dem Gesellschaftsroman »Der Raum der Roten Kammer«, der China-Eleven in zwei Bänden der Insel-Taschenbücher zur Verfügung steht, als Pflichtlektüre – nicht so sehr wegen des feudalen Gartens für die kaiserliche Konkubine, der dort eine labyrinthische Rolle spielt, als aus atmosphärischen Gründen.

»Nicht größer als zehn Klafter ist mein Haus, drei Klafter sein Garten. Ist der Garten auch schmal, so kann ich doch zum Himmel emporblicken. Weil Sonne und Mond selbst diesen armseligen Platz bescheinen, kommen auch die Jahreszeiten zu Besuch, Wind, Regen, Schnee und Hagel. Schmetterlinge kommen und gaukeln, Zikaden kommen und schrillen, Vögel kommen und hüpfen herum, und es zirpen die Herbstgrillen. Schaut man sich bedächtig um, so kann man den Reichtum des Weltalls wirklich in einem Gärtchen von drei Klaftern im Überfluß finden.«

So spricht kein deutscher Vorgartenbesitzer. Vor allem, er empfindet nicht so. Unser Garten soll ordentlich sein, pflegeleicht. Darum überall das Immergrüne, der Rasen, die Koniferen, die Verdrängung der Laubbäume; Laub ist lästig. Auch Chinesen lieben den Nadelbaum, doch aus anderem Grund. »Wenn man in einem Garten mit Pfirsichbäumen, Blumen und Weiden sitzt, und es erfreut nicht eine einzige Kiefer das Auge, dann ist es, als halte man sich unter Frauen und Kindern auf, und kein ehrfurchtgebietender

Die Formen des Fernen Ostens: Schwingende Dächer im Chinesischen Garten des Frankfurter Bethmann-Parks

Mann ist in der Nähe, zu dem man aufblicken könnte.« Es wäre unnütz, chinesisches Naturgefühl gegen das europäische auszuspielen. Wer will schon eines Besseren belehrt werden! Doch da wir vom japanischen Garten so viel gelernt haben, warum sollte uns nicht auch sein chinesisches Urbild Anregungen geben? Zumindest können uns die Chinesen nachdenklich machen.

Was suchen wir im Garten, wenn es dunkel geworden ist? Im chinesischen Garten gibt es neben Schattenorten und Sonnenstellen auch einen ausgewählten Platz, den Mond zu betrachten oder die im Mondlicht leuchtenden Blumen. Denn, so zitiert Marianne Beuchert: »Die Gärten sind zur Nahrung des Herzens gemacht.«

Wo hört das Herz auf, wo beginnt der Kopf? Der Engländer Christopher Thacker berichtet in den chinesischen Kapiteln seiner »Geschichte der Gärten« (bei Orell-Füssli, Zürich) von dem Maler Mi Fei, der einen Pavillon allein zur Betrachtung von Steinen errichtete; vor einem Felsbrocken, den er als seinen älteren Bruder bezeichnete, habe er sich stets verbeugt. Das ist zwar achthundert Jahre her, doch ein Chinese unserer Tage bemerkt dazu: »Wenn ein Stein mit Persönlichkeit ausgestattet ist, kann er eine angenehme Gesellschaft sein.«

Der eine mag jetzt den Kopf schütteln, andere nicken bestätigend. Der eine erschöpft sich in seinem Garten beim Unkrautjäten, Rasenschneiden und Kompostbereiten, andere nutzen ihn auch als ihr kleines Welttheater, das ihnen im Wasser den Himmel spiegelt und beim Durchwandern die Gedanken beflügelt. Candide könnte es gedacht haben, gesagt hat es aber Ou-yang Hsin: »In allen vier Jahreszeiten soll mir der Wein nicht ausgehen. / Und es soll kein Tag sich neigen, an dem nicht eine Blüte sich öffnet.«

Geliebte Herbstanemone

»Der Herbst ist immer unsere beste Zeit.« So etwas sagt kein ganz junger Mensch, so etwas sagt sich auch nicht im Frühling. Aber jetzt im Oktober stimmen wir dem alten Gärtner zu und wiederholen mit Bedacht das Wort aus Weimar. Im Herbst sind wir froh, daß wir den Herbst erleben. Fast kommt er uns wie der Frühling vor. Die Anemonen blühen!

Die Anemonen? Wiegen sich die Buschwindröschen nicht im lichten Wald oder im Gartenwinkel, wenn die letzten Schneereste gerade der ersten Hitze gewichen sind? Ja, gewiß, das Buschwindröschen, Anemone nemorosa, ist das heimische Kind der Frühe. Die uns jetzt blüht, ist eine Exotin aus dem Osten, vielleicht noch schöner, jedenfalls größer und prächtiger; ihr sehr reines Weiß bringt noch einmal einen Anflug von Jugend in das alt gewordene Gelände. Die schöne Ausländerin blüht schon seit vielen Wochen, und sie wird blühen bis zum ersten Frost: Anemone japonica, die Japan-Anemone, die Herbstanemone. Auf fast meterhohen Stengeln steht sie stolz und ein bißchen steif vor lauter Selbstgewißheit. Bescheiden sieht sie aus, doch da lasse man sich nicht täuschen! Sie steht zwar im Halbschatten, aber auf nahrhaftem Grund, dort, wo es auch dem Buschwindröschen gefällt. »Honorine Jobert« heißt unsere Japanerin. Wie Schmetterlinge schweben ihre blanken Blütenblätter vor dunklen Sträuchern und flammenden Herbstgehölzen. Sie ist ein starker Trost im späten Jahr, sie zeigt noch einmal, was blühende Schönheit vermag, bevor der Winter kommt.

Man warnt uns vor dieser Anemone. »Leider breitet sie sich sehr rasch aus«, schreibt die Engländerin Penelope Hobhouse in dem prächtigen Ulmer-Buch »Farbe im Garten«. Leider? Ja, täte sie es doch! Unsere zarte Anemone zeichnet sich durch Zurückhaltung aus. Stolz steht sie da, in bräutlichem Weiß, aus dem allerdings ein Kranz gelber Staubgefäße recht auffällig leuchtet, doch zur Vermehrung ist sie nicht bereit. Wir geben die Hoffnung aber nicht auf.

Die Anemone blüht im Frühling, die Anemone blüht auch im Herbst: Das ist dann die schöne »Honorine Jobert«

Auch von anderen wird ihr nachgesagt, sie schieße schließlich so ins Kraut, »daß man sie fast schon als Unkraut bezeichnen könnte«, dem nur durch radikale Rodung beizukommen sei.

Es war nicht leicht, sie in den Garten zu holen. Zum Standard-Sortiment der Gärtnereien gehört sie nicht. Und dort, wo sie im Katalog geführt wird, heißt es oft schon im zeitigen Frühjahr: Gestern haben wir die letzten zehn Pflanzen verkauft. Von einem Staudengärtner war zu hören, daß ihm die Aufzucht der Herbstanemone zu viel Mühe mache, zu viel Risiko berge. Denn sie liebt zwar den feuchten, beschatteten Platz, aber die Wurzelschnittlinge, aus denen sie gezogen wird, wollen im Gemisch aus Sand und Torf vergleichsweise trocken am hellen Ort über den Winter gebracht werden, sonst fassen sie nicht Fuß mit einem neuen, dichten Wurzelgeflecht. Wer sich dieser Anemone annehmen will, muß achtsam sein; sie verlangt ungeteilte Aufmerksamkeit. Auch das Verpflanzen mag sie nicht. Zwei Jahre mindestens wird es dauern, bis sie sich von einem Ortswechsel erholt. Dann endlich dankt sie für alle Mühe; aber schneiden darf man sie nicht: In der Vase läßt sie den Kopf hängen.

Es gibt gewiß anspruchslosere, robustere Oktoberblüten – unsere Herbstblumen haben ja fast alle, bevor sie nach Europa kamen, den mexikanischen Härtetest hinter sich gebracht. Aber wir halten es mit Vita Sackville-West: »Ich finde mehr Reiz darin, mit etwas Schwierigem Erfolg zu haben.« Und es gibt gewiß farbigere, feurigere Herbstblüher, von den Chrysanthemen, Dahlien, Strohblumen bis zum wuchernden Springkraut und zu den unverwüstlichen Astern. Aber wir halten es eben mit Vita Sackville-West, deren Ruhm sich nicht zuletzt auf ihren weißgrünen Mondscheingarten in Sissinghurst gründet: »Einfarbige Gärten zu planen ist das größte Vergnügen«, schrieb sie einst in ihrer wöchentlichen Kolumne im »Observer«, deren schönste Stücke unter dem Titel »Aus meinem Garten« als Taschenbuch erschienen sind (Ullstein) und nicht nur botanische Erfahrung weitergeben, sondern auch Gärtner-Sätze enthalten wie diesen: »Manchmal sitze ich und denke, und manchmal sitze ich bloß.«

Wenn hier mit dem Hinweis auf Sissinghurst wieder einmal für den weißen, den erholsamen Garten plädiert wird oder mit dem Hinweis auf das Buch von Penelope Hobhouse für den einfarbigen Garten, sei er nun weiß in allen seinen feinen Stufen oder fast nur blau oder rot oder gelb oder rosa mit violetten Tönen, so ohne jeden puristischen Eifer. Es wäre verlorene Liebesmüh. Gärtner und Gärtnerinnen sind schwer zu überzeugen. Da ist jeder sein eigener Missionar. In einem haben die Engländerinnen allerdings unbestreitbar recht, Gertrud Jekyll war wohl die erste, die es proklamiert hat: Die Blumen müssen in großen Farbgruppen zusammengehalten werden, je größer, je üppiger, desto besser. Auch ein winziger Garten kann verschwenderisch wirken, wenn er sich nicht in Buntheit verliert. Das Geheimnis der Dame von Sissinghurst lautet: »Ich liebe die Großzügigkeit, ich verabscheue alles Knauserige und Kleinliche.«

Die Herbstanemone steht weiß, rosa oder violett auf hohen Stengeln, vor dunklem Hintergrund kommt jede Farbe besser zur Wirkung

Das ist das Schöne am Gärtnern, daß es zwar Grundsätze gibt, aber keine Regeln, daß man Gartenanleitungen lesen kann, sie aber nicht befolgen muß. Wer die Anemone liebt, sich ihrem strengen Weiß jedoch nicht beugen mag, dem steht sie auch farbig zur Verfügung, auch halb gefüllt in rosa Tönen als »Königin Charlotte« oder »Robustissima«, weinrot als »Prinz Heinrich« oder »Bressingham Glow«. Was halten wir von solchen züchterischen Anstrengungen? Nichts, sagt der eine, weil er zum Ursprünglichen neigt, zum Wilden, Natürlichen. Der andere ist beglückt, weil er das Herausgekitzelte sucht, das Unwahrscheinliche. Im Garten ist manches möglich. Auch Umwege führen zum Ziel. Aber zu welchem? Mit dem Gärtnern verhält es sich wie mit der Liebe. »Am Anfang ist es sehr verwirrend«, schreibt Vita Sackville-West. Sie setzt hinzu: »und bleibt es bis zum Schluß«.

Von den Zwiebeln und Zehen

D die Zwiebel ist der Juden Speise. / Das Zebra trifft man stellenweise.« Wilhelm Busch war ein Kind des neunzehnten Jahrhunderts. Heute stehen Türken und andere sogenannte Gastarbeiter in schlechtem Geruch. Denn wonach riechen sie, diese Spanier, Jugoslawen, Italiener, Griechen, Polen und Asylanten? Nach Knoblauch natürlich. Nach der schlimmsten aller Zwiebeln, der schwefligen Knolle, der heimtückischen Zehe, deren Aroma den Teller sanft und köstlich umweht, den Esser hernach aber scharf und unanständig umwölkt – wie das Vorurteil glauben macht. Ein Zimmer voll Zigarrenrauch: Das ist der Geruch des Herrn. Ein Zimmer voll Knoblauchduft: Das ist der Dunst der armen Leute. Ein braver Deutscher fürchtet den Knoblauch wie Graf Dracula. Der brave Deutsche ein Vampir?

Um Gottes willen. Wahrscheinlich ist es nur eine Frage der mittleren Sonnenscheindauer und der sommerlichen Temperaturmaxima. Die deutschen Kleingärten liegen nicht nur an einer Ostwestgrenze zwischen unbefangenem Kapitalismus und verbittertem Sozialismus, sondern auch zwischen dem zwiebeltränenden Norden und dem knoblauchseligen Süden.

Der Knoblauch braucht Sonne, damit er gedeiht; der Knoblauch braucht warme Abende, Rotweinabende, damit er gedeihlich genossen werden kann. Mit Tintenfisch oder Krabben, mit Joghurt oder Quark, und immer wieder mit Lammschulter, Lammkeule, Lammkarree.

Nein nicht noch eine Verteidigung der wunderwirkenden Würze, die sogar einen Schweinebraten in den Himmel heben kann! Wem hülfe es? Die Fronten stehen. Ein Knoblauchverächter läßt sich nicht umstimmen, auch nicht durch den Hinweis auf jenen französischen Gastarbeiter in Aachen, Charlemagne, der die Sachsen zwiebelte und den fränkischen Völkern den Anbau von Lauchgewächsen in den Reichsgärten befahl. Die Lust zum Knoblauch läßt

sich nicht befehlen, von keiner Reichslauchlustverordnung. Lassen wir den Knoblauch, fürs erste, gehn wir in den Garten, da stehen die milderen Brüder und Schwestern aus der Zwiebelfamilie.

Jenseits jeden Streits um den guten Geschmack wächst ausdauernd der Schnittlauch, Allium schoeneprasum: anspruchslos, fast winterhart, der Wurzelstock teilbar, immer zur Verfügung, voll guter Säfte. Ein Appetitlexikon berichtet, er »ward im alten Rom besonders durch Nero zu Ehren gebracht, der zur Kräftigung seiner edlen Tenorstimme Schnittlauch mit Öl zu essen pflegte. Die dunkelgrünen, röhrenförmigen Blätter werden kleingehackt als Würze zu Salaten und Saucen verwendet oder roh auf Butterbrot verspeist. Suppen damit zu würzen, ist nicht mehr modern.« Das Appetitlexikon stammt aus dem vergangenen Jahrhundert. Freilich: Nicht jede Suppe will den Schnittlauch. Aber: Ohne Schnittlauch kein Gemüsebeet. Und Karl der Große sagte: Ohne Schnittlauch kein Reichsgarten. Den Schnittlauch kann man sich wahrhaftig gefallen lassen. Im Frühjahr blüht er mit runden purpurnen Köpfen schöner als der Klee.

Beim Lauch, norddeutsch Porree, botanisch Allium porrum, wird es schon wieder schwieriger. Lauch gedünstet, mit einer Vinaigrette übergossen, lauwarm als Vorspeise – einfach köstlich, doch nicht jeder weiß das sanfte Aroma zu schätzen. Auch das Heranziehen langer weißschäftiger Stangen will geübt sein. Brauchbar am Lauch ist ja nur der bleiche Schaft. Auf dem Markt kauft man viel Grünes über wenig Weißem. Der schlaue Lauchgärtner setzt die Sämlinge in Pflanzlöcher, die ihrerseits in einem Graben sitzen. Wächst der Lauch heran, werden die Stangen immer wieder mit bleichender Erde angehäufelt. Einzelheiten bei Tony Biggs: »Gemüse ziehen« (Otto Maier, Ravensburg). Noch mehr gärtnerische Wissenschaft und Praxis vermitteln Hermann Link und Winfried Titze: »Der Nutzgarten« (Eugen Ulmer, Stuttgart). Zum Knoblauch wissen beide Bücher nicht viel.

S. 230/231: Knoblauch weiß oder violett, wenn er nur trocken hängt

Aber über die Zwiebel, Allium cepa, gibt es da wie dort einiges zu lesen. Dann stellt sich allerdings die Frage: Müssen wir unsere Zwiebeln selber ziehen und lagern? Steckzwiebeln sind bequem, aber die langwierig, mühselig aus dem Samen gezogenen Knollen halten sich besser. Doch wozu? Zwiebeln sind das ganze Jahr auf dem Markt, wenn es auch einmal »Zwaans große Winter« sind, das andere Mal »Stuttgarter Riesen« oder die noch größeren Gemüsezwiebeln vom Mittelmeer.

Auch die weiße schlanke Frühlingszwiebel, Allium fistulosum, die frisch verwendet werden muß – sie läßt sich kaufen. Fragt man in Frankfurt nach Schalotten, so reicht die Gemüsefrau ein Bündel dieses Miniaturlauchs herüber. Anders in Straßburg. Die rotbraune Schalotte, französisch échalote, altdeutsch Eschlauch, Allium ascalonicum, ist die feinste und würzigste aller Zwiebeln. Sie ist die Zwiebel der großen Köche. In Deutschland ist sie immer noch rar. Wenn Witzigmann das Rezept seiner Rahmsauce an die Hausfrau weitergibt, nimmt er Rücksicht und schreibt: vier Schalotten (oder eine Zwiebel). Mit der Schalotte Erfahrungen zu sammeln, lohnt. In der Küche wie im Garten.

Und was ist nun mit Allium sativum, zu deutsch Knofel? Es ist ganz einfach. Die nötigen Stichworte zur gärtnerischen Knoblauchkultur gibt Eva Tronickova: »Gesundes Gemüse aus dem Garten« (Franckh'sche Verlangshandlung, Stuttgart), auch Gunter Steinbach, dessen »Biologischer Nährgarten« (Nymphenburger, München) überhaupt ein bemerkenswertes Studier- und Lesebuch ist. Zur kulinarischen Knoblauchkultur gibt es nur ein Rezept: Geduld. »Viel Knofel«, klagt noch die koreanische Wirtin, »deutsche Gäste motzen; wenig Knofel, Landsleute Heimweh.« Das wird sich ändern: Wandel durch Annäherung. Wir hatten schon einen Kanzler, keinen schlechten, der schnupft. Und irgendwann wird es den Vorsitzenden nicht mehr genieren, der Konferenzrunde mit einem Hauch von Knoblauch zu zeigen, daß er zu leben weiß.

Kastanien und Maronen

Es kommt viel zu selten vor, daß der Gärtner unerwartet von Gästen heimgesucht wird, die er gern zum Bleiben nötigt, die er dann, während sie sich ums Kaminfeuer kümmern dürfen, aus dem Handgelenk bekocht. Das schafft er natürlich nicht allein, die Hauptarbeit überläßt er, so sind die Männer, wieder einmal der Hausfrau. Doch der Nachtisch ist seine Sache. Der kostet ihn keine zehn Minuten und bringt ihm beinahe mehr Beifall, als wenn er sich stundenlang um eine Mousse von brauner und weißer Schokolade mit Orangensauce bemüht hätte: es ist das Schnell-Dessert, es ist der Maronenschaum. Drei kurze Arbeitsschritte. Zuerst wird eine kleine Dose Crème de Marrons de l'Ardèche geöffnet. (Woher haben wir die? Manchmal findet sie sich im Kaufhaus bei den Marmeladen, meistens aber nicht, darum holen wir sie dutzendweise aus Straßburg.) Dann wird das Maronenmus, zweihundertfünfzig Gramm, der Hersteller hat ihm schon Vanille hinzugefügt, mit vier Eßlöffeln Cognac glattgerührt. Dritter und letzter Arbeitsgang: Sahne steifschlagen. Unterheben. Fertig. Köstlich.

Der Triumph hat nur einen Mangel. Die Grundsubstanz kommt nicht aus dem Garten, sondern von Clément Faugier aus Privas im Departement Ardèche. Sie könnte freilich aus dem Garten kommen, wenn da auch noch eine Kastanie Platz gefunden hätte. Am Klima scheiterte es nicht. Die Kastanie ist zwar ein Baum Kleinasiens, doch sie gedeiht und reift überall dort, wo noch Wein wächst. Es gibt ganze Kastanienwälder zwischen Frankfurt und Heidelberg.

Wer das provenzalische Maronenpüree nicht zur Verfügung hat, jedoch frische Maronen, geerntet oder gekauft, braucht für dieses Dessert anderthalb Stunden länger, weil er sich die Crème nach Anleitung von Marianne Kaltenbach (»Kreativ kochen«, Hallwag) erst selber herstellen muß, indem er die Maronen ritzt, röstet, schält, kocht, zuckert, eindickt. Den Maronenröster sucht man aber nicht in der Küche, sondern auf der Straße. Er gehört zum Weih-

Maronen in stachliger Hülle. Bevor sie genießbar werden, muß man diese Kastanien aus dem Feuer holen

nachtsmarkt und überhaupt ins frühwinterliche Bild einer lebensvollen Stadt. Heiße Maronen werden mit klammen Fingern gegessen. Hochgeschlagene Mantelkragen gehören dazu. Kalte Lippen auch, die warmgeküßt werden wollen. Heiße Maronen sind ein süßes Wintervergnügen. Denn beim Rösten der Kastanien wird ihre mehlige Stärke in Zucker verwandelt. Kastanien sättigen. Und schüren den Hunger nach mehr. Ein rechtschaffener Mann hat vom Süßen nie genug.

Wovon ist denn nun die Rede, von Maronen oder Kastanien? Die Maronen sind die Kastanien, jedenfalls die, die man für sich oder, verdienstvoller, für liebe Mitmenschen aus dem Feuer holt. Es gibt freilich noch die anderen braunen Dinger, die so ähnlich aussehen und auch Kastanien genannt werden, die den Buben die Hosentaschen füllen und auch manchem alten Mann, weniger aus knäbischer Erinnerungsseligkeit als deshalb, weil sie angeblich vor Rheuma schützen.

Es sind zwei verschiedene Bäume, die bei uns Kastanien heißen. Beide sind Einwanderer aus dem westlichen Orient. Die Edelkastanie, die Eßkastanie, die eigentliche Kastanie, Castanea sativa, eroberte sich spät, aber doch schon in der Antike, die Mittelmeerländer; Italien, Spanien, Südfrankreich vor allem. Sie füllt auch die wärmeren, die gesegneten Alpentäler der Schweiz und Südtirols. Korsika ist ein großes Kastaniengebirge. Wallfahrtet man auf Elba von Marciana hinauf zur Einsiedelei Madonna del Monte, wo Napoleon in stürmischer Nacht die Walewska traf, so wandert man unter schwarzschattenden Kastanien. Selten stehen sie einzeln, diese dickleibigen Riesen unserer südlichen Urlaubslandschaften, fast immer bilden sie Wälder.

Die andere Kastanie, die Roßkastanie der nördlicheren Breiten, Aesculus hippocastanum, sie bildet Alleen. Sie ist ein Stadtbaum unserer Großväter von Berlin bis Paris. (Werden heute noch Kastanien gepflanzt? Immer und überall müssen es jetzt Platanen sein.) »Vor allem liebe ich es«, so schwärmt Marcel Proust, »unter den ungeheuren Kastanienbäumen stehenzubleiben und zu verweilen.« Berlins alte Prachtstraße heißt Unter den Linden. Wir haben Berlin aber als Kastanienstadt in Erinnerung, nicht nur draußen in Dahlem, wo der Student einst im Mai im leuchtenden Schatten der Kastanienkerzen die »Wahlverwandtschaften« las und vergebens zu begreifen suchte.

Die Roßkastanie säumt Boulevards oder auch nur den Stadtgraben, beschirmt Biergärten. Dieser Kastanienbaum, der heimische, winterfeste, wirft ungenießbare, aber nicht minder schöne Früchte ab, handschmeichlerisch blanke braune Samenkerne, die aus grünen, nicht gar so stachligen Hüllen platzen. Diese Kastanie haben wir den Türken zu verdanken, die sie gegen Ende des sechzehnten Jahrhunderts samt dem Mokka über Konstantinopel nach Wien brachten. »Der prosaische Name Roßkastanie soll«, so berichtet Victor Hehn, »von der türkischen Gewohnheit stammen, den Husten der Pferde mit der Frucht des Baumes zu kurieren.« Wer an die türkische Herkunft nicht glauben mag, sehe sich die Blütenkerzen an. Es sind wahrhaft orientalische Blumenpyramiden. Ganz anders die Blüten der Eßkastanie, die sitzen klein an dünnen, hängenden Rispen.

Im Frühjahr kann die blühende Roßkastanie die Schönheitskonkurrenz gewiß für sich entscheiden. Im Herbst fällt es schwer, dem einen oder anderen Baum den Vorzug zu geben. Die Roßkastanie macht uns den Oktober lustig, aber die Eßkastanie füllt Kochbücher. Und dort vor allem das Geflügel. Fasan mit Maronen, Gans mit Maronen. Auch den weihnachtlichen Truthahn, den wir früher mit Äpfeln, Sellerie und Preiselbeeren stopften, haben wir am Heiligen Abend des vergangenen Jahres in Orange mit einer festlichen Zugabe von Maronen schätzen gelernt.

Beide Bäume sind schön. Kastanien haben Charakter. Wer einen großen Baum in den Vorgarten oder hinter das Haus setzen kann, wer Platz hat für solch einen grünen Elefanten, muß wählen. Für die Enkel. Denn: »Der alte Baum ist der wahre Baum.« So sagt Karl Foerster. Und Hermann Hesse, ein erprobter Freund der Bäume, besonders aber der weißen und roten Kastanien, fügt staunend hinzu: »Wie mächtig sie dastehen, wie üppig sie blühen, wie tief sie rauschen!«

Ich sah die letzte Rose stehn

»Auf deine Lider senk ich Schlummer, / auf deine Lippen send ich Kuß.« Der Herbst holt Verse von Gottfried Benn aus den tieferen Schichten der Gedächtnisrinde. Herbst, das heißt Erinnerung, Herbst heißt Trauer. »Wenn erst die Rosen verrinnen, / aus Vasen oder vom Strauch / und ihr Entblättern beginnen, / fallen die Tränen auch.« Benn hat zeitlebens Herbstgedichte geschrieben, Abschiedsgedichte, Klagegedichte: »Ach, nur Vergehendes ist schön.«

Nein! Bei allem Respekt. Lyrik mag gut sein für geschlossene Räume. Im Garten sind wir prosaisch. An der Schwelle vom Herbst zum Winter bereiten wir den nächsten Frühling vor. Allenfalls die letzte Rose kann uns melancholisch stimmen. Aber es ist zum Lachen: Die vermeintlich letzte ist doch nie die letzte. Im Dauernebel, in der diesigen Dunkelheit der Novembermitte und nach den ersten sternhellen Nächten mit morgendlichem Reif im unteren Gartendrittel, sah es schon nach dem Ende aus, nach Schere, Krail und Spaten: einkürzen allzu langer Triebe, Boden lockern, anhäufeln. Aber es zog wieder atlantische Milde heran, und einige hundert winzige, wie für immer verschlossene Knospen der buschigen Fairy öffnen sich doch. Noch einmal die rosarote Woge. Noch einmal der weiße Wellenkamm.

Denn das Schneewittchen dahinter und darüber schläft auch noch nicht. Sogar die ungeliebte Swany daneben, deren kriechende Ranken so schrecklich wuchern, und deren Blüten graubraun am Stiel vertrocknen, anstatt abzufallen, sie leuchtete im Sommer nie so stark; und jetzt hat sie sich in die halbgeöffnete Knospe zum reinen Weiß den Widerschein des frühen Abendrots geholt. Muß sie im nächsten Jahr denn wirklich rausgeworfen werden? Sie braucht halt mehr Platz. Und auch mehr Liebe. Nicht erst im späten Herbst, wenn das Laub schon fällt.

Zwischenfrage: Sollen wir uns Westwind wünschen, damit der

Nachbar die zehn Sack Ahornblätter und das Birkengefitzel von seinen hohen Bäumen selbst aufsammeln muß? Oder lieber Ostwind, damit der Blättersegen unserm Garten zugute kommt? Der Wind weht, wie er will. Oder gar nicht. Der Nebel tropft. Die Blätter stürzen trotzdem schwer zu uns herüber. Sie werden aber vergnügt unter die Sträucher gepackt. Auch dem jungen Bambus machen sie warme Füße.

Rosen sind wie die Mädchen und Frauen, anbetungswürdig. Da wir nicht alle zugleich und gleichermaßen lieben können, geschieht immer einigen Unrecht. Einigen? Allen anderen. Und manchen eben besonders. Dieser jungen Swany – sie kam erst 1978 von Meilland – hat immerhin Dietrich Woessner in den »Gartenrosen« (Ulmer-Verlag) sofort ein Lob gesungen. Aber den Bobby James kennt oder nennt Woessner nicht. Auch in Krüssmanns Kompendium »Rosen, Rosen, Rosen« (Parey Verlag, Hamburg) finden sich nur Bobbie Lucas und Bop Hope.

Zwischenfrage: Soll man Kompost jetzt verteilen oder erst im Frühjahr? Jetzt haben wir Zeit. Und wir haben das Laub, das den empfindlichen Kompost, der nur ein wenig eingeharkt, nie untergegraben wird, gegen das Austrocknen schützt. Also werden Obstbäume und Beerensträucher schon jetzt versorgt. Der Kompost ist ziemlich feucht. Damit die übrige Miete gesund über den Winter kommt, damit sie nicht fault, wird sie gegen Regen und Schmelzwässer abgedeckt. Auch der Asthaufen nebenan, in dem der Igel ein Nest gebaut hat. Noch schnauft er jede Nacht durchs Gelände.

Rosen sind wie die Frauen. So mancher knorrige Baum steht längst entlaubt, wie tot, da blühen sie immer noch. Freilich nicht alle, nur die remontierenden Sorten, die fleißigen Dauerblüherinnen. Die Schönheiten aus den alten Rosenfamilien dagegen geizen mit ihren Reizen, sie machen sich rar. Nur ein Auftritt im Sommer, nicht en suite bis nah an Weihnachten. Auch Bobby James blüht schon lange nicht mehr. Er gibt seine Vorstellung im Juli. Vierzehn Tage lang ist kaum das Laub zu sehen vor lauter cremeweißen Blütenbüscheln. Bobby James ist ein biegsamer, eleganter Kletterer.

Einen alten Baum kann er wunderbar bekleiden. Bei uns rankt er am Zaun. Zehn Wochen nach dem Einsetzen des Stecklings hat er zwei Dolden von je dreißig Knospen gebracht. Und dann ist er in diesem ersten Jahr, trotz schlechtem Boden und schlechtem Wetter, vier Meter in die Breite gegangen. Wie kriegt man ihn? Als Geschenk von einer guten Freundin, die ihn aus England mitgebracht hat. Schande über die deutschen Rosenhändler, wenn sie den Bobby James nicht haben! Gottlob, sie liefern ihn.

Zwischenfrage: Es geht auf Weihnachten zu und die Lorbeerkirsche hat noch Blütenkerzen aufgesetzt. Grund zur Besorgnis? Er ist ein Beweis für ihr Wohlbefinden. Auch der Rasen legt noch einen Zentimeter zu. Die Metasequoia, das chinesische Rotholz, zögert, die rostbraunen Nadelblätter abzuwerfen. Und der Igel ist noch immer unterwegs.

Rosen sind wie Mädchen. Sie wollen bewundert sein. »Pflücke Rosen, wenn sie blühn, / Morgen ist nicht heut! / Keine Stunde laß entfliehn, / Flüchtig ist die Zeit!« Das war die plumpe Sorglosigkeit des Liederdichters Gleim, des Anakreontikers aus Halberstadt. »Ich sah des Sommers letzte Rose stehn, / Sie war, als ob sie bluten könne, rot; / Da sprach ich schaudernd im Vorübergehn: / So weit im Leben ist zu nah am Tod!« Das war Hebbel, zum Beispiel.

Gibt es eigentlich schon die Anthologie, die alle Rosen versammelt, die gereimten und ungereimten, die erblühenden und die vergehenden, das Lächeln und das Erschrecken?

Rosenschwärmerei, Gartenlyrik, Herbstgefühl – gut und recht. Anstecken lassen wir uns aber nicht. Eiswürfel in den Shaker, darüber gleiche Mengen von Gin und Blue Curaçao, einen starken Spritzer Zitrone dazu, oder deren zwei. Nach kurzem Schütteln ergießt sich leicht schäumend die Blaue Lady in den breiten Cocktail-Kelch. Obenauf schwimmt rosarot ein letztes Rosenblatt.

S. 240/241: Nach den ersten Novemberfrösten blühen die Röschen der »Swany« weiter, als sei das Jahr nicht schon fast vorbei

Das Gartenhaus

Mein Garten hat kein Gartenhaus. Manchmal denke ich, da fehlt etwas. Und manchmal denke ich, es ist gut so. Wenngleich es Mühe macht, Rasenmäher, Häcksler und Düngerstreuer, Hacke und Rechen und all die anderen sich unentwegt vermehrenden Gerätschaften über die steile Kellertreppe herauf und hernach wieder hinunter zu schaffen. Ein Gartenhaus, das den Namen verdient, müßte gewiß zu Teilen auch Gerätehaus sein. Aber wie sollte es aussehen? Etwa wie die herzigen hölzernen Buden, in denen die Kleingärtner ihren Kürbis auswiegen? Doch eher wie das Trianon de Porcelaine, das Lusthaus, das Ludwig der Vierzehnte seiner Mätresse, der Marquise von Montespan, im Garten von Versailles bauen ließ, wenngleich in gehöriger Entfernung vom Schloß, und das nach fünfzehn Jahren wieder abgerissen und für die Nachfolgerin im Amt, Madame de Maintenon, als Trianon de Marbre noch großartiger errichtet wurde. Zu großartig. Mein Gartenhaus müßte eine Zwischenform finden: Praktisch soll es sein, aber königlich. Transparenter Pavillon und bergende Hütte zugleich. Brauchbar zur Gartenlust, aber auch als Arbeitsklause.

»In meiner Garteneinsamkeit fahre ich an meiner Arbeit recht eifrig fort«, schreibt Goethe am 7. August 1799 dem Freund nach Jena hinüber, der dort ebenfalls im Gartenhaus sitzt, am zweiten Akt der Maria Stuart. Der Schreiber in Weimar sammelt und redigiert lyrische und epigrammatische Stücke, die zum Druck gehen sollen, hofft auch, »ein paar Dutzend neue Gedichte dazutun« zu können. Der nicht allzu lange Brief endet: »Denn dabei bleibt es nun einmal: daß ich ohne absolute Einsamkeit nicht das Mindeste hervorbringen kann.«

Das ist der Vorzug des Gartenhauses. Es kann eine Eremitage sein, eine mönchische Zelle für den, der sich vor der Welt verschließt. Es kann aber auch ein Versteck sein für zwei, die sich der Beobachtung entziehen wollen, und sei es nur für einen tiefen Augenblick. Meistens ist das Gartenhaus bloß ein Platz ungenierter Geselligkeit, wo die Nachbarschaft schwatzend aufeinanderhockt.

Goethes weißes Haus im unteren Garten an der Ilm war geräumig, jedoch nicht heizbar. Schillers Gartenhaus in Jena war mehr als eine Sommerlaube, aber doch zu klein; der vormalige Professor für Geschichte und nun ganz freie Schriftsteller (verheiratet, zwei Kinder, das dritte war unterwegs) sah sich genötigt, Handwerker zu engagieren, die noch ein Stockwerk draufsetzten und außerdem in einer der Gartenhütten eine Badegelegenheit einrichteten.

Typische Gartenhäuser waren es nicht, in denen diese gleichgestimmten Seelen und doch so ungleichen Herren in jenem Sommer ihren Arbeitsfrieden fanden. Aber daß sie ihn fanden, hat etwas mit der Natur jeglichen Gartengebäudes zu tun, das schützt und separiert und doch den Blick nach draußen offenhält, in dem einer ganz bei sich sein kann, um vielleicht außer sich zu geraten. Zum Beispiel angesichts des Mondes, wie es bei den Gartenbesitzern im Fernen Osten zum guten Ton gehörte. Oder in Betrachtung einer alten Teeschale. Ein japanisches Teehaus oder ein chinesischer Meditationspavillon – das wäre wieder etwas ganz anderes als eine deutsche Gartenlaube, und doch auch ein Gartenhaus. Das eigenartigste Gartenlusthaus stand zu Kaisers Zeiten im Palastgarten am Südlichen See in Peking. Es hieß der »Pavillon der treibenden Becher«. Sein Pagodendach war über einem Wasserlauf errichtet, der mäandernd zwischen den Steinplatten des Bodens hindurchfloß. In diesem Gartenhaus wurden poetische Wettkämpfe ausgetragen: Die Gäste setzten ihre Weinbecher in die Strömung und mußten ein Gedicht verfaßt haben, wenn der Becher auf der anderen Seite des Pavillons angelangt war. Fand das Gedicht Beifall, durfte der Becher in einem Zug geleert werden, war es unbefriedigend, mußte der Becher in einem Zug geleert werden.

Solch ein Pavillon könnte mir gefallen für die Rotweinstunden. Die Geräte fänden zwar keinen Platz, aber Bacchus, Apoll und vielleicht auch Amor genössen Regenschutz. Und damit der Wind nicht ungehindert hindurchstreicht und auch kein unbefugter Blick,

Der geschützte Platz im Garten kann so etwas wie ein Teepavillon sein. In dieser Gartenhütte riecht es nach Erde und Arbeit

würde zur Seite ein kraftvoller Bambus gepflanzt werden. Im Schutz der raschelnden Halme ließe sich eine Sitzgelegenheit richten, zum Lesen und Schreiben, ein Ort für die so nötige Einsamkeit, die nicht immer eine absolute sein müßte.

Was ist ein Pavillon? Ursprünglich ein Gartenzelt, dessen leichte Stoffsegel sich hinbreiten wie Schmetterlingsflügel. Papillon heißt der Schmetterling auf französisch. Bald bezeichnete das Wort auch Bauwerke mit festgefügten Wänden, die dem rechten Winkel gehorchen, oder den Seitenflügel eines Palastes mit zeltförmigem Dach. »Dieser Schlüssel öffnet«, so ermuntert ein anonymer Brief den zaudernden Don Carlos, »die hintern Zimmer im Pavillon der Königin. Hier darf die Liebe frei und laut gestehn, was sie so lange Winken nur vertraute.«

Hier darf die Liebe frei gestehn! Da wird der Unterschied deutlich zwischen den Kulturen, zwischen östlicher Sittlichkeit und westlicher Barbarei. Im chinesischen Garten gab es den Pavillon, in dem der Aufgang des Mondes erwartet wurde. Im deutschen Garten wurde nicht auf den Mond gewartet und selten zu ihm aufgesehen. Der Mond sah herab. Wes er da Zeuge ward, davon künden Minnelieder und mittelhochdeutsche Verserzählungen bis zu den Phantasien der Anakreontiker und ihrer Nachfahren in unsern Tagen. Suchen wir im Grimmschen Wörterbuch nach Belegen für das wohlbehauste Gartenwesen, so finden wir Zitate wie »Küsse flüstern aus den Lauben um die Abenddämmerung« bis hin zu dieser Stelle aus Wickrams Rollwagenbüchlein: »Sind auch bede am Lotterbett entschlafen, das in dem Gartenheuslin was.« Ist das der letzte Zweck des Gartenhauses? Die Gartenbuhlschaft? Ist das die höhere Gartenlust?

Retten wir uns zurück zu Goethen, der einen einschlägigen Satz im Wilhelm Meister immerhin mit einigen Konjunktiven ausgestattet hat: »Denn so sehr er sich von ihr zu enthalten strebte, so würde er doch in diesem Augenblicke, hätte er sich mit ihr in einer einsamen Laube befunden, ihre Liebkosungen wahrscheinlich nicht unerwidert gelassen haben.« Mein Garten hat kein Gartenhaus. Manchmal denke ich, das ist gut so.

Register

Actinidia chinensis *137* Aesculus hippocastanum *236* Allium *232f.* Amsel *191f.* Anemone japonica *224* Anemone nemorosa *224* Apfel *140f.* Azalee *33f.*

Balsamine *96* Bambouseraie de Prafrance *182* Bambus *182f.* Basilikum *103* Birkenfeige *127f.* Blauglockenbaum *69* Blumenhartriegel *199f.* Buchs *63, 85f.* Buschwindröschen *224*

Camellia *213* Castanea sativa *236* Catalpa *66f.* Chaenomeles *162* China *220f.* Chinarose *186f.* Chinesisches Rotholz *99f.* Chinesische Stachelbeere *136f.* Christrose *112f.* Clematis *48f.* Convallaria majalis *16* Cornus *199f.* Crassula *108f.* Cucurbita *151* Cydonia oblonga *161*

Dichternarzisse *121* Dickblatt *108f.*

Efeu *39f.* Eibe *63* Eibisch *186* Erdbeere *70f.* Eßkastanie *235*

Ficus benjamina *128* Flieder *23f.* Fragaria *70* Frühlingszwiebel *232* Futterhaus *193*

Galanthus *195* Gartenhaus *243f.* Gewächshaus *176* Glashaus *177* Gummibaum *128*

Hartriegel *199f.* Hecke *62f.* Hedera *40* Helleborus *114* Herbstanemone *224f.* Hibiskus *186f.* Holunder *23* Hortensie *89f.* Hummel *95* Hydrangea *91*

Impatiens *96* Irrgarten *86* Islandmohn *46*

Japan-Anemone *224f.* Judenkirsche *146* Jungfernrebe *215*

Kaiserkrone *168* Kamelie *210f.* Kapuzinerkresse *79f.* Kastanie *234f.* Kaukasusmohn *46* Kirschlorbeer *19f.* Kiwi *136f.* Klatschmohn *46* Knoblauch *229f.* Kompost *75f.* Kornelkirsche *204* Kürbis *148f.* Kuhschelle *56*

Labyrinth *86* Lampionblume *144f.* Lauch *232* Liguster *63* Lorbeer *19f.* Lorbeerkirsche *19f.* Laurus nobilis *19*

Maiglöckchen *13f.* Malus sylvestris *141* Marone *234f.* Maulwurf *167f.* Metasequoia glyptostroboides *100* Mohn *43f.*

Narzisse *121f.* Narcissus *121f.* Nerium oleander *174* Nieswurz *112f.*

Oleander *171f.* Orange *176* Orangerie *176f.* Osterglocke *121f.*

Papaver *46* Parthenocissus *215* Paulownia *69* Pavillon *177, 244* Pfennigbaum *108f.* Phyllostachys *183* Physalis alkekengi *144f.* Pinie *157f.* Pinus pinea *159* Porree *232* Prunus laurocerasus *20*

Quendel *53* Quitte *161f.*

Rasen *29f.* Rasenmäher *31* Rhododendron *33f., 131f.* Rose *238f.* Rosmarin *53* Roßkastanie *236* Rührmichnichtan *96*

Saatmohn *46* Saxifraga *57* Schalotte *233* Schlafmohn *46* Schneeglöckchen *195f.* Schnittlauch *232* Schwarze Nieswurz *112* Spargel *70* Springkraut *95f.* Stachelbeere *58f.* Steingarten *53* Syringa vulgaris *26*

Taxus *63* Thuja *64* Thymian *53* Thymus *53* Tomate *103, 205f.* Trompetenbaum *66f.* Trompetennarzisse *123* Tropaeolum *79* Türkenmohn *46*

Veilchen *117f.* Vogelfütterung *191f.*

Waldrebe *48f.* Wilder Wein *214f.* Wintergarten *177* Wühlmaus *168f.*

Zierquitte *162* Zwerg-Hartriegel *204* Zwiebel *229f.*

Inhalt

Vorwort 9
Das Maiglöckchen 13
Vom Lorbeer und der Lorbeerkirsche 19
Flieder kommt wieder 23
Der Rasen muß Schwung haben 29
Das große Azaleenfeuer 33
Mut zum Efeu 39
Berauscht vom roten Mohn 43
Die stolze Waldrebe 48
Aus dem Steingarten 53
Stachelbeeren haben Dornen 58
Hecken zum Verstecken 62
Endlich blüht sie doch, die Catalpa 66
Die besten Erdbeeren wachsen im Wald 70
Die Seele des Gartens ist der Kompost 75
Wie die Kapuzinerkresse schmeckt 79
Buchs trennt und vereint 85
Die trügerische Hortensie 89
Die Lust am Springkraut 95
Das Chinesische Rotholz 99
Die Liebe zum Basilikum 103
Wenn der Pfennigbaum blüht 108
Tochter des Walds: Die Schwarze Nieswurz 112
Das Veilchen 117
Die Narzisse des unseligen Narziß 121
An die Birkenfeige verloren 127
Nun doch Rhododendron 131
Kiwi aus eigner Ernte 136
Solche und andere Äpfel 140
Die Lampionblume 144
Der Kürbis ist schwer und leicht 148
Was macht der Gärtner im Winter 153

Pinien im Schnee 157
Vor dem Brautgemach die Quitte 161
Maulwurf und Wühlmaus 167
Der Oleander ist durstig 171
Träume von der gläsernen Orangerie 176
Der Bambus lacht 182
Hibiskus in zweierlei Gestalt 186
Warum wir die Amseln füttern 191
Das Schneeglöckchen 195
Die sehr verschiedenen Hartriegel 199
Tomaten müssen reifen 205
Wer war die Kameliendame 210
Der Wilde Wein kann uns retten 214
China in deutschen Gärten 220
Geliebte Herbstanemone 224
Von den Zwiebeln und Zehen 229
Kastanien und Maronen 234
Ich sah die letzte Rose stehn 238
Das Gartenhaus 243
Register 248

Zu dieser Ausgabe

insel taschenbuch 2207: Johannes Roth, Gartenlust. Der Text folgt der Ausgabe: Johannes Roth, Gartenlust. 50 Blumenstücke mit Anleitungen zur gärtnerischen Kurzweil. Mit Fotografien von Marion Nickig. Keysersche Verlagsbuchhandlung, München 1989. Für die Taschenbuchausgabe, die erstmals 1992 als insel taschenbuch 1392 erschien, hat Marion Nickig die Fotografien neu zusammengestellt. Die vorliegende Ausgabe ist text- und seitengleich mit dem insel taschenbuch 1392.

Literatur und Reisen
im insel taschenbuch

Alt-Prager Geschichten. Gesammelt von Peter Demetz. Mit Illustrationen von Hugo Steiner-Prag. it 613

Alt-Wiener Geschichten. Gesammelt von Joseph Peter Strelka. Mit sechs farbigen Abbildungen. it 784

Ernst Batta: Römische Paläste und Villen. Annäherung an eine Stadt. Mit zahlreichen Abbildungen. it 1324

Bodensee. Reisebuch. Herausgegeben von Dominik Jost. Mit zahlreichen Abbildungen. it 1490

Bonn. Ein Städte-Lesebuch. Herausgegeben von Doris Maurer und Arnold E. Maurer. Mit zahlreichen Abbildungen. it 1224

Budapest. Reisebuch. Herausgegeben von Wilhelm Droste, Susanne Scherrer und Kristin Schwamm. Mit zahlreichen Fotografien. it 1801

Friedrich Dieckmann: Dresdner Ansichten. Spaziergänge und Erkundungen. Mit farbigen Fotografien. it 1766

Dresden. Ein Reisebuch. Herausgegeben von Katrin Nitzschke. Unter Mitarbeit von Reinhard Eigenwill. Mit zahlreichen Abbildungen. it 1365

Flandern. Lesarten einer Stadt. Herausgegeben von Werner Jost und Joost de Geest. it 1254

Florenz. Lesarten einer Stadt. Herausgegeben von Andreas Beyer. Mit zahlreichen Illustrationen. it 633

Florida. Reisebuch. Herausgegeben von Katharina Frühe und Franz Josef Görtz. Mit zahlreichen Abbildungen. it 1492

Theodor Fontane: Jenseit des Tweed. Bilder und Briefe aus Schottland. Mit zahlreichen Abbildungen und einem Nachwort herausgegeben von Otto Drude. it 1066

– Ein Sommer in London. Mit einem Nachwort von Harald Raykowski. it 1723

Georg Forster: Reise um die Welt. Herausgegeben und mit einem Nachwort von Gerhard Steiner. it 757

Frankfurt. Reisebuch. Herausgegeben von Herbert Heckmann. Mit zahlreichen Abbildungen. it 1438

Johann Wolfgang Goethe: Italienische Reise. Mit vierzig Zeichnungen des Autors. Herausgegeben und mit einem Nachwort versehen von Christoph Michel. it 175

Johann Wolfgang Goethe: Tagebuch der Italienischen Reise 1786. Notizen und Briefe aus Italien. Mit Skizzen und Zeichnungen des Autors. Herausgegeben und erläutert von Christoph Michel. it 176

– Kampagne in Frankreich 1792. Belagerung von Mainz. Herausgegeben und mit einem Nachwort von Jörg Drews. Mit zeitgenössischen Abbildungen. it 1525

158/1/12.96

Literatur und Reisen
im insel taschenbuch

Walter Haubrich / Eva Karnofsky: Die großen Städte Lateinamerikas. Sechzehn Städtebilder. Von Walter Haubrich und Eva Karnofsky. Mit farbigen Fotografien. it 1601

Hamburg. Ein Städte-Lesebuch. Herausgegeben von Eckart Kleßmann. it 1312

Victor Hehn: Olive, Wein und Feige. Kulturhistorische Skizzen. Herausgegeben von Klaus von See unter Mitwirkung von Gabriele Seidel-Leimbach. Mit farbigen Abbildungen. it 1427

Heidelberg-Lesebuch. Stadt-Bilder von 1800 bis heute. Herausgegeben von Michael Buselmeier. it 913

Heinrich Heine: Italien. Mit farbigen Illustrationen von Paul Scheurich. it 1072

Hermann Hesse: Luftreisen. Berichte und Gedichte. Herausgegeben und mit einem Nachwort versehen von Volker Michels. Mit zahlreichen Abbildungen. it 1604

– Mit Hermann Hesse durch Italien. Ein Reisebegleiter durch Oberitalien. Mit farbigen Fotografien. Herausgegeben von Volker Michels. it 1120

– Tessin. Betrachtungen, Gedichte und Aquarelle des Autors. Herausgegeben von Volker Michels. it 1494

Mit Hermann Hesse reisen. Betrachtungen und Gedichte. Herausgegeben von Volker Michels. it 1242

Erhart Kästner: Griechische Inseln. Aufzeichnungen aus dem Jahre 1944. Mit einem Nachwort von Heinrich Gremmels. it 118

– Kreta. Aufzeichnungen aus dem Jahre 1943. Mit einem Nachwort von Heinrich Gremmels. it 117

– Ölberge, Weinberge. Ein Griechenland-Buch. Mit Zeichnungen von Helmut Kaulbach. it 55

– Ölberge, Weinberge. Die Stundentrommel vom heiligen Berg Athos. 2 Bände in Kassette. it 55/56

– Die Stundentrommel vom heiligen Berg Athos. it 56

Harald Keller: Die Kunstlandschaften Italiens. Toskana. Florenz. Umbrien. Rom. Lombardei. Emilia. Venedig. Zwei Bände in Kassette. Mit zahlreichen Abbildungen. it 1576

Kunstführer durch Sachsen und Thüringen. Herausgegeben von Katharina Flügel. Mit farbigen Abbildungen. it 1327

London. Eine europäische Metropole in Texten und Bildern. Herausgegeben von Norbert Kohl. it 322

Doris Maurer / Arnold E. Maurer: Literarischer Führer durch Italien. Ein Insel-Reiselexikon. Mit zahlreichen Abbildungen, Karten und Registern. it 1071

158/2/12.96